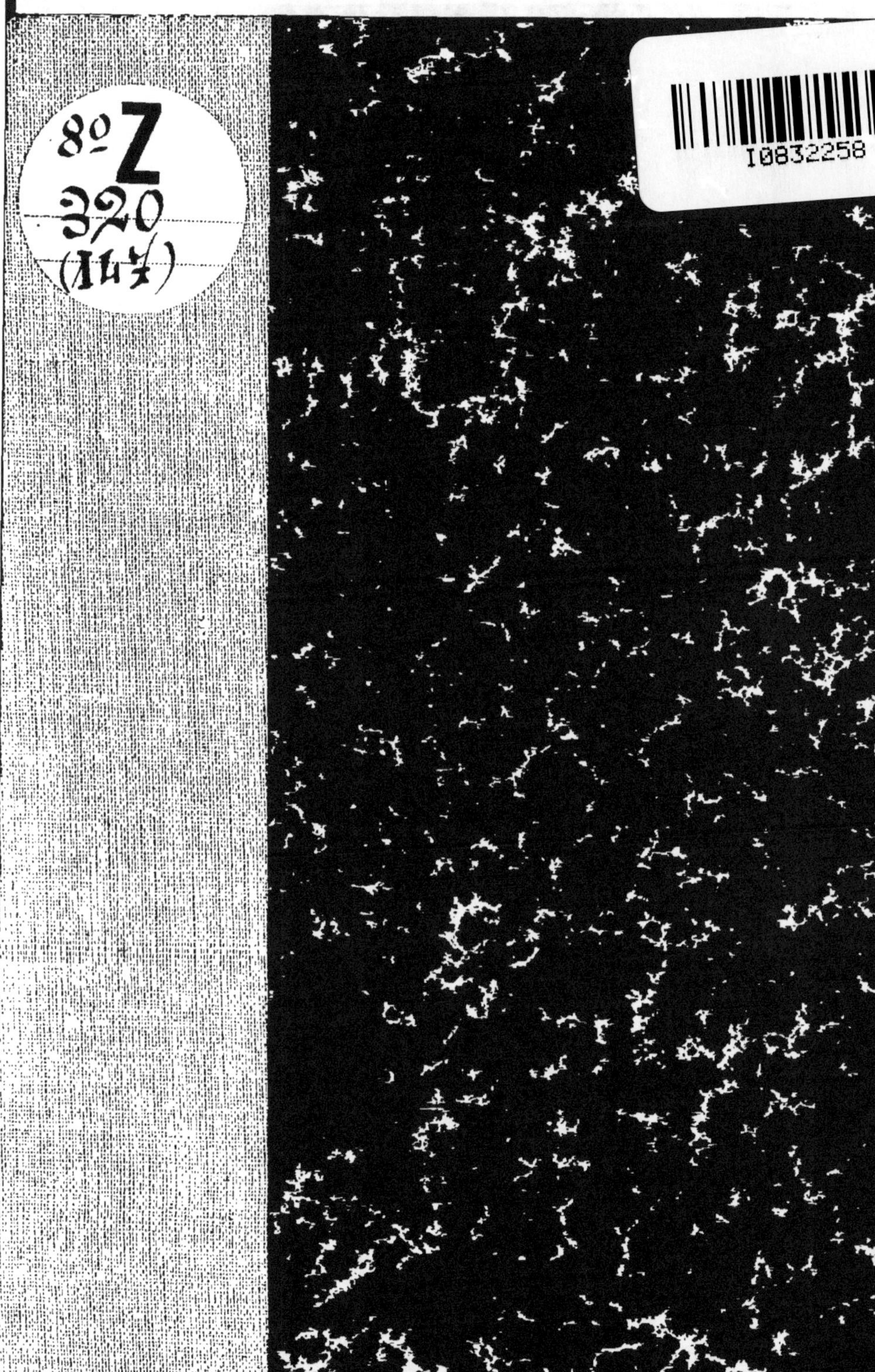

LES

AUTEURS GRECS

EXPLIQUÉS D'APRÈS UNE MÉTHODE NOUVELLE

PAR DEUX TRADUCTIONS FRANÇAISES

L'UNE LITTÉRALE ET JUXTALINÉAIRE PRÉSENTANT LE MOT A MOT FRANÇAIS
EN REGARD DES MOTS GRECS CORRESPONDANTS
L'AUTRE CORRECTE ET PRÉCÉDÉE DU TEXTE GREC

avec des sommaires et des notes

PAR UNE SOCIÉTÉ DE PROFESSEURS

ET D'HELLÉNISTES

ESCHYLE

LES SEPT CONTRE THÈBES

EXPLIQUÉS, ANNOTÉS ET REVUS POUR LA TRADUCTION FRANÇAISE

PAR M. MATERNE

Ancien élève de l'École Normale

PARIS

LIBRAIRIE DE L. HACHETTE ET Cie

RUE PIERRE-SARRAZIN, N° 14

(Près de l'École de médecine)

LES

AUTEURS GRECS

EXPLIQUÉS D'APRÈS UNE MÉTHODE NOUVELLE

PAR DEUX TRADUCTIONS FRANÇAISES

Cette tragédie a été expliquée, annotée et revue pour la traduction française par M. Materne, ancien élève de l'École normale supérieure, censeur des études au lycée Saint-Louis.

Typographie de Ch. Lahure et Cie, rues de Fleurus, 9, et de l'Ouest, 21.

LES AUTEURS GRECS

EXPLIQUÉS D'APRÈS UNE MÉTHODE NOUVELLE

PAR DEUX TRADUCTIONS FRANÇAISES

L'UNE LITTÉRALE PRÉSENTANT LE MOT A MOT FRANÇAIS EN REGARD
DES MOTS GRECS CORRESPONDANTS
L'AUTRE CORRECTE ET FIDÈLE PRÉCÉDÉE DU TEXTE

avec des sommaires et des notes

PAR UNE SOCIÉTÉ DE PROFESSEURS

DE L'ACADÉMIE DE PARIS

ESCHYLE

LES SEPT CONTRE THÈBES

PARIS

LIBRAIRIE DE L. HACHETTE ET Cie

RUE PIERRE-SARRAZIN, N° 14

(Près de l'École de médecine)

1860

AVERTISSEMENT.

En donnant cette édition des *Sept contre Thèbes*, je crois devoir déclarer que la plupart des notes qui l'accompagnent sont de feu M. Mablin, dont l'École Normale et l'Université ont si vivement ressenti la perte il y a quelques années. Fidèlement recueillies par moi dans les conférences de ce savant maître, j'ai pensé qu'on me saurait quelque gré de les avoir publiées. Puissé-je ne m'être pas trompé! — Quant au texte grec, j'ai adopté celui de M. Boissonade, qui n'est sans doute pas irréprochable, mais qui du moins m'a paru le plus satisfaisant de tous ceux que j'ai consultés pour ce travail.

J'ai emprunté la traduction française de M. Laporte-Dutheil, à laquelle j'ai fait quelques changements qui m'ont semblé nécessaires.

ARGUMENT ANALYTIQUE

DES SEPT CONTRE THÈBES.

Œdipe, chassé de Thèbes par ses fils, les avait voués en mourant à la discorde et à la guerre. En vain ceux-ci essayèrent-ils de conjurer l'imprécation de leur père, en prenant les précautions les plus sages. Comme une furie implacable, cette fatale imprécation les poussait à leur perte. En effet, un an s'était à peine écoulé, que Polynice, exclu de Thèbes par son frère, revint contre sa patrie en ennemi furieux, avec une armée que lui avait fournie Adraste, son beau-père, qui régnait alors sur les Argiens, et dans laquelle figuraient comme principaux chefs les héros les plus célèbres de cette époque barbare. Thèbes avait sept portes; l'armée ennemie se divisa donc en sept corps, pour qu'il n'y eût pas un seul côté de la ville qui ne fût attaqué. De là le titre même de la pièce : Ἑπτὰ ἐπὶ Θήβας, les *Sept contre Thèbes*.

La pièce commence par une harangue d'Étéocle à l'armée thébaine. A peine a-t-il fini de parler, que survient un *espion*, annonçant que les sept chefs de l'armée ennemie se sont engagés par les serments les plus terribles à emporter la ville d'assaut ou à mourir. Après avoir invoqué les dieux, Étéocle sort avec l'espion, et la scène est aussitôt occupée par le chœur, composé de vierges thébaines, qui la remplit de ses plaintes et de ses lamentations. Rappelé par ces chants, qui ont jeté le trouble et la consternation dans la ville, Étéocle reparaît et éclate en injurieux reproches contre ces femmes timides, dont l'effroi peut devenir si funeste à Thèbes. Mais il n'est pas plus tôt sorti, que celles-ci, cédant de nouveau à la terreur qui les domine, retracent dans des chants lyriques d'une sublime poésie le tableau de tous les malheurs réservés à une ville prise d'assaut. Cependant Étéocle revient une dernière fois; il est accompagné de l'espion, qui lui nomme et lui décrit tour à tour les sept chefs ennemis. A chacun de ces chefs, Étéocle oppose un adversaire, jusqu'à ce que, arrivé à Polynice, le dernier des chefs que l'espion lui a nommés, il déclare que c'est à lui seul de le combattre; et, malgré les prières instantes du chœur, il part pour cette fatale lutte, qui doit se terminer par la mort des deux frères. Le chœur l'accompagne de ses plaintes ; mais il est bientôt interrompu par l'arrivée d'un messager, qui peut-être n'est autre que l'espion du commencement, et qui annonce à la fois le salut de Thèbes et la mort des deux princes. Lorsque le chœur a déploré comme il convient ce triste événement, on voit paraître Ismène et Antigone, les deux sœurs de ces princes infortunés, qui, près de leurs cadavres exposés sur le théâtre, expriment, dans une espèce de *duo* funèbre, auquel le chœur s'associe, leurs regrets et leur désespoir. Enfin, après une dernière scène, où paraît un héraut qui vient proclamer, au nom du conseil de Thèbes, la défense d'accorder les honneurs de la sépulture à Polynice, et où Antigone, avec une noble résolution, déclare qu'elle désobéira à un ordre injuste, et qu'en dépit de tout, elle ensevelira son frère, le chœur se partageant en deux troupes : l'une, conduite par Ismène, suit les funérailles d'Étéocle, tandis que l'autre, conduite par Antigone, rend les derniers devoirs à Polynice.

ΑΙΣΧΥΛΟΥ

ΕΠΤΑ[1] ΕΠΙ ΘΗΒΑΣ[2].

ΤΑ ΤΟΥ ΔΡΑΜΑΤΟΣ ΠΡΟΣΩΠΑ.

ΕΤΕΟΚΛΗΣ.
ΑΓΓΕΛΟΣ ΚΑΤΑΣΚΟΠΟΣ.
ΧΟΡΟΣ ΠΑΡΘΕΝΩΝ.
ΙΣΜΗΝΗ.
ΑΝΤΙΓΟΝΗ.
ΚΗΡΥΞ.

ΕΤΕΟΚΛΗΣ.

Κάδμου πολῖται, χρὴ λέγειν τὰ καίρια,
ὅστις φυλάσσει πρᾶγος, ἐν πρύμνῃ πόλεως
οἴακα νωμῶν, βλέφαρα μὴ κοιμῶν ὕπνῳ.
Εἰ μὲν γὰρ εὖ πράξαιμεν, αἰτία θεοῦ·
εἰ δ' αὖθ' (ὃ μὴ γένοιτο) συμφορὰ τύχοι,
Ἐτεοκλέης ἂν εἷς πολὺς κατὰ πτόλιν
ὑμνοῖθ' ὑπ' ἀστῶν φροιμίοις πολυῤῥόθοις
οἰμώγμασίν θ', ὧν Ζεὺς ἀλεξητήριος
ἐπώνυμος γένοιτο Καδμείων πόλει.

ÉTÉOCLE. Citoyens de la ville de Cadmus, celui qui, pilote de l'État et assis à la poupe, tient le gouvernail, sans laisser le sommeil appesantir ses paupières, doit mesurer ses ordres sur les circonstances. En effet, si nous sommes vainqueurs, toute la gloire en reviendra aux dieux; mais si (puisse ce malheur ne point arriver) nous sommes vaincus, seul, accusé dans Thèbes, Étéocle sera l'objet de plaintes et de cris, dont Jupiter *préservateur* veuille aujourd'hui nous *préserver* réel-

ESCHYLE.

LES SEPT CONTRE THÈBES.

PERSONNAGES DE LA PIÈCE.

ÉTÉOCLE.
UN ESPION.
UN CHOEUR DE VIERGES.
ISMÈNE.
ANTIGONE.
UN HÉRAUT.

ΕΤΕΟΚΛΗΣ. Πολῖται Κάδμου,	ÉTÉOCLE. Citoyens de Cadmus,
χρὴ	il faut
ὅστις φυλάσσει πρᾶγος	*celui*-qui surveille la chose-publique
ἐν πρύμνῃ πόλεως	à la poupe de la ville
νωμῶν οἴακα,	dirigeant le gouvernail,
μὴ κοιμῶν	ne-laissant-pas-assoupir
βλέφαρα ὕπνῳ	*ses* paupières par le sommeil,
λέγειν τὰ καίρια·	dire les choses-opportunes :
εἰ μὲν γὰρ πράξαιμεν εὖ,	car si nous réussissions,
αἰτία θεοῦ·	la cause *en serait* à un dieu :
εἰ δὲ αὖτε	mais si au-contraire,
(ὃ μὴ γένοιτο)	(*ce*-qui n'ait-pas-lieu),
συμφορὰ τύχοι,	malheur arrivait,
Ἐτεοκλέης εἷς	Étéocle seul
ὑμνοῖτο ἂν πολὺς	serait chanté beaucoup
ὑπὸ ἀστῶν κατὰ πτόλιν	par les citoyens dans la ville
φροιμίοις πολυῤῥόθοις	par des préludes bruyants
οἰμώγμασίν τε,	et par des gémissements,
ὧν Ζεὺς ἀλεξητήριος	desquels Jupiter *étant* préservateur
γένοιτο ἐπώνυμος	devienne méritant-ce-nom
πόλει Καδμείων.	pour la ville des Cadméens.

Ὑμᾶς δὲ χρὴ νῦν, καὶ τὸν ἐλλείποντ' ἔτι
ἥβης ἀκμαίας, καὶ τὸν ἔξηβον χρόνῳ,
βλάστημον ἀλδαίνοντα σώματος πολὺν,
ὥραν [1] ἔχονθ' ἕκαστον, ὥστε συμπρεπὲς
πόλει τ' ἀρήγειν, καὶ θεῶν ἐγχωρίων
βωμοῖσι, τιμὰς μὴ 'ξαλειφθῆναί ποτε,
τέκνοις τε, γῇ τε μητρὶ, φιλτάτῃ τροφῷ·
ἡ γὰρ νέους ἕρποντας εὐμενεῖ πέδῳ,
ἅπαντα πανδοκοῦσα [2] παιδείας ὅτλον,
ἐθρέψατ' οἰκιστῆρας ἀσπιδηφόρους
πιστοὺς, ὅπως γένοισθε πρὸς χρέος τόδε.
Καὶ νῦν μὲν ἐς τόδ' ἦμαρ εὖ ῥέπει θεός·
χρόνον γὰρ ἤδη τόνδε πυργηρουμένοις
καλῶς τὰ πλείω πόλεμος ἐκ θεῶν κυρεῖ·
νῦν δ' ὡς ὁ μάντις φησὶν, οἰωνῶν βοτὴρ,
ἐν ὠσὶ νωμῶν καὶ φρεσὶν [3], πυρὸς δίχα,
χρηστηρίους ὄρνιθας ἀψευδεῖ τέχνῃ·
οὗτος τοιῶνδε δεσπότης μαντευμάτων
λέγει μεγίστην προσβολὴν Ἀχαΐδα
νυκτηγορεῖσθαι, κἀπιβουλεύειν πόλει.

lement! Il faut donc en ce jour, que chacun de vous, et celui qui n'a pas encore atteint la florissante jeunesse, et celui qui depuis longtemps l'a passée, excitant ce qu'il a de vigueur, vienne, comme il convient à son âge, en aide à sa patrie et à ses dieux, défende sa famille, et la mère commune, cette terre, tendre nourrice, qui, au sortir du berceau, vous accueillit rampants sur son sol ami, vous éleva et vous nourrit, dans l'espoir qu'au jour du danger vous vous montreriez ses défenseurs fidèles. Jusqu'à présent le ciel penche pour nous : assiégés depuis longtemps, le succès, grâce aux dieux, nous a le plus souvent favorisés. Mais aujourd'hui, le devin, maître des augures, qui, sans recourir à la flamme des sacrifices, infaillible en son art, interroge et comprend les oiseaux fatidiques, annonce que les Achéens ont résolu cette nuit et préparent contre notre ville le plus terrible assaut. Courez donc tous

Χρὴ δὲ νῦν ὑμᾶς	Mais il faut maintenant vous,
καὶ τὸν ἐλλείποντα ἔτι	et celui manquant encore
ἥβης ἀκμαίας,	de la jeunesse dans-sa-fleur,
καὶ τὸν ἔξηβον	et celui sorti de la jeunesse
χρόνῳ, ἀλδαίνοντα πολὺν	avec-le-temps, fortifiant grande
βλάστημον σώματος,	la croissance de *son*-corps,
ἕκαστον ἔχοντα ὥραν,	*il faut* chacun ayant *son* âge,
ὥστε συμπρεπὲς	comme *il est* convenable *à cet âge*
ἀρήγειν πόλει τε	défendre et la ville,
καὶ βωμοῖσι θεῶν ἐγχωρίων,	et les autels des dieux du pays,
μή ποτε τιμὰς	pour que jamais *leurs* honneurs
ἐξαλειφθῆναι	*ne*-soient détruits,
τέκνοις τε	et *défendre ses* enfants,
γῇ τε μητρὶ,	et la terre *sa* mère,
τροφῷ φιλτάτῃ·	nourrice très-chère :
ἡ γὰρ πανδοκοῦσα	car elle prenant-entièrement
ἅπαντα ὄτλον παιδείας,	tout le fardeau de *votre* éducation,
ἐθρέψατο νέους ἕρποντας	a nourri *vous* jeunes rampant
πέδῳ εὐμενεῖ	sur *son*-sol bienveillant
οἰκιστῆρας ἀσπιδηφόρους πιστοὺς,	habitants porte-boucliers fidèles,
ὅπως γένοισθε	pour que vous fussiez *tels*
πρὸς χρέος τόδε.	dans cette nécessité-ci.
Καὶ νῦν μὲν ἐς τόδε ἦμαρ	Et maintenant jusqu'à ce jour-ci
θεὸς ῥέπει εὖ·	un dieu incline favorablement :
πυργηρουμένοις γὰρ	car *pour nous* assiégés
ἤδη τόνδε χρόνον	déjà *tout* ce-temps-là
πόλεμος κυρεῖ καλῶς	la guerre se trouve favorablement
τὰ πλείω ἐκ θεῶν·	en-général de la part des dieux :
νῦν δὲ, ὥς φησιν ὁ μάντις,	mais maintenant, comme dit le devin,
βοτὴρ οἰωνῶν,	nourrisseur d'oiseaux,
νωμῶν ἐν ὠσὶ	agitant dans *ses* oreilles
καὶ φρεσὶν	et dans *son* esprit
ὄρνιθας χρηστηρίους	les oiseaux fatidiques,
τέχνῃ ἀψευδεῖ	par un art infaillible,
δίχα πυρός·	sans feu *de sacrifices :*
οὗτος δεσπότης	ce maître
τοιῶνδε μαντευμάτων	de tels oracles
λέγει προσβολὴν μεγίστην Ἀχαΐδα	dit une attaque très-grande achéenne
νυκτηγορεῖσθαι,	se décider-cette-nuit
καὶ ἐπιβουλεύειν πόλει.	et menacer la ville.

Ἀλλ' ἔς τ' ἐπάλξεις καὶ πύλας πυργωμάτων
ὁρμᾶσθε πάντες, σοῦσθε σὺν παντευχίᾳ,
πληροῦτε θωρακεῖα, κἀπὶ σέλμασιν
πύργων στάθητε, καὶ, πυλῶν ἐπ' ἐξόδοις
μίμνοντες, εὖ θαρσεῖτε, μηδ' ἐπηλύδων
ταρβεῖτ' ἄγαν ὅμιλον. Εὖ τελεῖ θεός.
Σκοποὺς δὲ κἀγὼ καὶ κατοπτῆρας στρατοῦ
ἔπεμψα, τοὺς πέποιθα μὴ ματᾶν ὁδῷ [1]·
καὶ τῶνδ' ἀκούσας, οὔτι μὴ ληφθῶ δόλῳ.

ΑΓΓΕΛΟΣ.

Ἐτεόκλεες, φέριστε Καδμείων ἄναξ,
ἥκω σαφῆ τἀκεῖθεν ἐκ στρατοῦ φέρων,
αὐτὸς κατόπτης δ' εἰμ' ἐγὼ τῶν πραγμάτων.
Ἄνδρες γὰρ ἑπτὰ, θούριοι λοχαγέται,
ταυροσφαγοῦντες ἐς μελάνδετον σάκος,
καὶ θιγγάνοντες χερσὶ ταυρείου φόνου,
Ἄρην, Ἐνυώ, καὶ φιλαίματον Φόβον
ὡρκωμότησαν, ἢ, πόλει κατασκαφὰς
θέντες, λαπάξειν ἄστυ Καδμείων βίᾳ,
ἢ γῆν θανόντες τήνδε φυράσειν φόνῳ.

aux portes et aux créneaux des remparts; armés de toutes pièces, hâtez-vous, garnissez les parapets, placez-vous sur les plates-formes des tours, gardez toutes les issues, et, pleins d'une ferme confiance, ne vous alarmez point du nombre des assaillants : les dieux feront le reste. Quant à moi, j'ai envoyé dans le camp ennemi des espions, qui, je l'espère, ne feront pas une route inutile; et instruit par eux, je ne pourrai être surpris.

UN ENVOYÉ. Étéocle, puissant roi des Cadméens, je t'apporte de l'armée ennemie des nouvelles certaines, et j'ai vu de mes yeux ce que je vais te dire.

Sept chefs furieux, immolant un taureau sur un bouclier noir, tous, la main dans le sang de la victime, ont juré par Mars, par Bellone et par la Terreur, amie du carnage, ou de détruire et de saccager aujourd'hui la ville de Cadmus, ou de mourir et d'arroser cette terre de

Ἀλλὰ πάντες ὁρμᾶσθε
ἔς τε ἐπάλξεις
καὶ πύλας πυργωμάτων·
σοῦσθε
σὺν παντευχίᾳ,
πληροῦτε θωρακεῖα,
καὶ στάθητε
ἐπὶ σέλμασι πύργων,
καὶ μίμνοντες ἐπὶ ἐξόδοις πυλῶν,
εὖ θαρσεῖτε,
μηδὲ ταρβεῖτε ἄγαν
ὅμιλον ἐπηλύδων.
Θεὸς τελεῖ εὖ.
Καὶ ἐγὼ δὲ ἔπεμψα
σκοποὺς
καὶ κατοπτῆρας στρατοῦ,
τοὺς πέποιθα
μὴ ματᾷν ὁδῷ·
καὶ ἀκούσας τῶνδε,
οὔτι μὴ
ληφθῶ δόλῳ.
ΑΓΓΕΛΟΣ. Ἐτεόκλεες,
ἄναξ φέριστε Καδμείων,
ἥκω φέρων σαφῆ
τὰ ἐκεῖθεν ἐκ στρατοῦ,
ἐγὼ δὲ εἰμὶ αὐτὸς
κατόπτης πραγμάτων.
Ἑπτὰ γὰρ ἄνδρες,
λοχαγέται θούριοι,
ταυροσφαγοῦντες
ἐς σάκος μελάνδετον,
καὶ θιγγάνοντες χερσὶ
φόνου ταυρείου,
ὡρκωμότησαν Ἄρην, Ἐνυώ,
καὶ Φόβον φιλαίματον,
ἢ θέντες πόλει κατασκαφὰς,
λαπάξειν βίᾳ
ἄστυ Καδμείων,
ἢ θανόντες
φυράσειν φόνῳ τήνδε γῆν.

Mais tous élancez-vous
et vers les créneaux,
et *vers* les portes des tours:
précipitez-vous
avec une armure-complète,
remplissez les parapets,
et tenez-vous-debout
sur les charpentes des tours,
et restant aux issues des portes,
ayez-bon-courage,
et ne craignez pas trop
une foule d'étrangers.
Un dieu finira bien *la chose.*
Et moi aussi j'ai envoyé
des éclaireurs
et des espions de l'armée *ennemie,*
lesquels j'ai-confiance
ne-pas-faire-une-route-inutile :
et ayant-entendu ceux-ci
il n'est-pas-*possible*-que
je sois pris par ruse.
UN ENVOYÉ. Étéocle,
prince très-puissant des Cadméens,
j'arrive apportant certaines
les-nouvelles-de-là de l'armée,
et je suis moi-même
témoin-oculaire des choses.
Car sept hommes,
chefs-de-corps valeureux,
égorgeant-un-taureau
sur un bouclier aux-noires-attaches,
et touchant de *leurs* mains
le sang du-taureau,
ont juré Mars, Bellone
et la Terreur amie-du-sang,
ou, apportant à la ville la destruction,
de saccager de force
la ville des Cadméens,
ou, étant morts,
de tremper de sang cette terre-ci.

Μνημεῖα δ' αὐτῶν τοῖς τεκοῦσιν ἐς δόμους
πρὸς ἅρμ' Ἀδράστου χερσὶν ἔστεφον, δάκρυ
λείβοντες· οἶκτος δ' οὔ τις ἦν ἀνὰ στόμα.
Σιδηρόφρων γὰρ θυμὸς ἀνδρείᾳ φλέγων
ἔπνει, λεόντων ὣς Ἄρην δεδορκότων.
Καὶ τῶνδε πίστις οὐχ ὄκνῳ χρονίζεται·
κληρουμένους δ' ἔλειπον, ὡς πάλῳ λαχὼν
ἕκαστος αὐτῶν πρὸς πύλας ἄγοι λόχον.
Πρὸς ταῦτ', ἀρίστους ἄνδρας ἐκκρίτους πόλεως
πυλῶν ἐπ' ἐξόδοισι τάγευσαι [1] τάχος·
ἐγγὺς γὰρ ἤδη πάνοπλος Ἀργείων στρατὸς
χωρεῖ, κονίει, πεδία δ' ἀργηστὴς ἀφρὸς
χραίνει σταλαγμοῖς ἱππικῶν ἐκ πνευμάτων.
Σὺ δ', ὥστε ναὸς κεδνὸς οἰακοστρόφος,
φράξαι πόλισμα, πρὶν καταιγίσαι πνοὰς
Ἄρεος· βοᾷ γὰρ κῦμα χερσαῖον στρατοῦ.
Καὶ τῶνδε καιρὸν ὅστις ὤκιστος λάβε·
κἀγὼ τὰ λοιπὰ πιστὸν ἡμεροσκόπον
ὀφθαλμὸν ἕξω, καὶ, σαφηνείᾳ λόγου
εἰδὼς τὰ τῶν θύραθεν, ἀβλαβὴς ἔσει.

leur sang. Puis au char d'Adraste ils ont suspendu des gages de souvenir pour leurs parents; des larmes s'échappaient de leurs yeux, mais pas une plainte ne sortait de leur bouche. Tels que des lions au regard martial, ces cœurs de fer, qu'enflamme la rage, ne respirent que la guerre. Et l'effet de ces menaces ne se fera pas longtemps attendre. Je les ai laissés tirant au sort pour savoir vers quelle porte chacun doit conduire sa troupe. Place donc promptement aux avenues de la ville les plus braves guerriers. Déjà s'avance toute en armes, l'armée des Argiens; la poussière vole, et la plaine se teint de la blanche écume des chevaux haletants. Prudent pilote de notre vaisseau, hâte-toi de munir Thèbes, avant que Mars ait soufflé la tempête. Déjà mugit un flot terrestre de guerriers; ne perds pas un instant pour profiter de mes avis; moi, tout le reste du jour, j'aurai fidèlement les yeux ouverts sur l'ennemi; et instruit par de sûrs rapports de tous ses mouvements, tu ne courras aucun danger.

Ἔστεφον δὲ	Et ils suspendaient-comme-couronnes
χερσὶν πρὸς ἅρμα Ἀδράστου	de *leurs* mains au char d'Adraste
μνημεῖα αὑτῶν	des souvenirs d'eux-mêmes
τοῖς τεκοῦσιν ἐς δόμους,	pour *leurs* parents dans *leurs* demeu-
λείβοντες δάκρυ.	versant des larmes. [res,
Οὔτις δὲ οἶκτος ἦν ἀνὰ στόμα.	Mais aucune plainte *n'*était à *leur* bou-
Θυμὸς γὰρ σιδηρόφρων	Car *leur* cœur, cœur-de-fer [che.
φλέγων ἀνδρείᾳ	brûlant de courage,
ἔπνει, ὡς λεόντων	respirait comme *celui* de lions
δεδορκότων Ἄρην.	regardant Mars *au regard martial.*
Καὶ πίστις τῶνδε	Et la garantie de ces-choses-ci
οὐ χρονίζεται ὄκνῳ·	n'est pas retardée par paresse.
ἔλειπον δὲ κληρουμένους,	Mais je *les* ai laissés tirant-au-sort,
ὡς ἕκαστος αὐτῶν	comment chacun d'eux
λαχὼν πάλῳ	l'ayant obtenu par le jet *des-dés*
ἄγοι λόχον πρὸς πύλας·	conduirait *sa* troupe aux portes.
Πρὸς ταῦτα, τάγευσαι τάχος	Sur ce, range vite
ἐπὶ ἐξόδοισι πυλῶν	aux issues des portes
ἄνδρας ἀρίστους	les hommes les-plus-braves
ἐκκρίτους πόλεως·	choisis de la ville :
ἤδη γὰρ στρατὸς Ἀργείων	car déjà l'armée des Argiens
πάνοπλος χωρεῖ ἐγγὺς,	toute-en-armes s'avance près,
κονίει,	soulève-la-poussière,
ἀφρὸς δὲ ἀργηστὴς	et une écume blanche
ἐκ πνευμάτων ἱππικῶν	*résultant* des souffles des-chevaux
χραίνει πεδία σταλαγμοῖς.	colore les plaines de gouttes.
Σὺ δὲ, ὥστε κεδνὸς	Mais toi, comme un prudent
οἰακοστρόφος ναὸς,	pilote de vaisseau,
φράξαι πόλισμα,	fortifie la ville,
πρὶν πνοὰς Ἄρεος	avant que les souffles de Mars
καταιγίσαι·	se-précipitent *sur-elle* :
κῦμα γὰρ χερσαῖον στρατοῦ βοᾷ.	car un flot terrestre d'armée gronde ;
Καὶ λάβε καιρὸν	et saisis une occasion
τῶνδε	*pour repousser* ces *maux-ci*,
ὅστις ὤκιστος,	*celle*-qui-*sera* la-plus-prompte,
καὶ ἐγὼ τὰ λοιπὰ	et moi *pour* le reste
ἕξω ὀφθαλμὸν πιστὸν ἡμεροσκόπον,	j'aurai l'œil fidèle sentinelle-de-jour,
καὶ σαφηνείᾳ λόγου	et par la certitude de *mes* paroles
εἰδὼς τὰ τῶν θύραθεν	sachant les choses de ceux du dehors
ἔσει ἀβλαβής	tu seras sans-dommage [des portes

ΕΤΕΟΚΛΗΣ.

Ὦ Ζεῦ τε καὶ Γῆ, καὶ πολισσοῦχοι θεοὶ,
Ἀρά τ', Ἐριννὺς πατρὸς ἡ μεγασθενὴς,
μή μοι πόλιν γε πρεμνόθεν πανώλεθρον
ἐκθαμνίσητε δηάλωτον, Ἑλλάδος
φθόγγον χέουσαν, καὶ δόμους ἐφεστίους[1]·
ἐλευθέραν δὲ γῆν τε καὶ Κάδμου πόλιν
ζυγοῖσι δουλίοισι μήποτε σχέθειν·
γένεσθε δ' ἀλκή. Ξυνὰ δ' ἐλπίζω λέγειν·
πόλις γὰρ εὖ πράσσουσα δαίμονας τίει.

ΧΟΡΟΣ.

Θρέομαι φοβερὰ μεγάλ' ἄχη.
Μεθεῖται[2] στρατὸς στρατόπεδον λιπών·
ῥεῖ πολὺς ὧδε λεὼς πρόδρομος ἱππότας·
αἰθερία κόνις με πείθει φανεῖσ',
ἄναυδος, σαφὴς, ἔτυμος ἄγγελος·
ἐλεδεμνὰς πεδιοπλόκτυπός τ' ὠτὶ
βοὰ χρίμπτεται, ποτᾶται, βρέμει δ'
ἀμαχέτου δίκαν ὕδατος ὀροκτύπου.
Ἰὼ, ἰώ! ἰὼ, ἰώ!
ἰὼ θεοὶ, θεαί τ', ὀρόμενον κακὸν

ÉTÉOCLE. O Jupiter, ô terre, ô dieux protecteurs de Thèbes! et toi, fatale imprécation, furie trop puissante de mon père! ne renversez point de fond en comble sous les coups de nos ennemis une ville grecque et vos propres foyers; conservez libre du joug cette terre et la cité de Cadmus; soyez notre force; nos intérêts sont communs; car c'est dans la prospérité qu'une ville honore les dieux.

LE CHOEUR. Je crains de grands, de terribles malheurs. L'armée s'est répandue hors du camp; un flot rapide de cavaliers roule vers nos murs; messagère muette, mais sûre et fidèle, la poussière qui vole dans l'air me l'annonce. Déjà des cris et des bruits d'armes qui s'entrechoquent dans la plaine ont frappé mon oreille; ils volent; c'est le fracas d'un indomptable torrent, qui tombe du haut des montagnes. Hélas! hélas! dieux et déesses, prévenez les maux qui s'apprêtent.

ΕΤΕΟΚΛΗΣ. Ὦ Ζεῦ τε καὶ Γῆ,
καὶ θεοὶ πολισσοῦχοι,
Ἀρά τε, ἡ μεγασθενὴς
Ἐριννὺς πατρὸς,
μή γε ἐκθαμνίσητέ μοι
πρεμνόθεν δηάλωτον
πανώλεθρον πόλιν,
χέουσαν
φθόγγον Ἑλλάδος,
καὶ δόμους
ἐφεστίους·
μήποτε δὲ σχέθειν
ζυγοῖσι δουλίοισι
γῆν τε ἐλευθέραν
καὶ πόλιν Κάδμου·
γένεσθε δὲ ἀλκή.
Ἐλπίζω δὲ λέγειν
ξυνά·
πόλις γὰρ εὖ πράσσουσα
τίει δαίμονας.
ΧΟΡΟΣ. Θρέομαι
μεγάλα φοβερὰ ἄχη·
στρατὸς μεθεῖται
λιπὼν στρατόπεδον·
ὧδε ῥεῖ πολὺς
λεὼς πρόδρομος ἱππότας·
κόνις φανεῖσα
αἰθερία πείθει με,
ἄγγελος ἄναυδος,
σαφὴς, ἔτυμος·
βοά τε ἐλεδεμνὰς
πεδιοπλόκτυπος
χρίμπτεται ὠτὶ,
ποτᾶται, βρέμει δὲ
δίκαν ὕδατος ἀμαχέτου
ὀροκτύπου.
Ἰὼ, ἰώ! ἰὼ, ἰώ!
ἰώ! θεοὶ, θεαί τε,
ἀλεύσατε
κακὸν ὀρόμενον.

ÉTÉOCLE. O Jupiter et terre,
et *vous* dieux protecteurs-de-la-ville,
et *toi*, imprécation, la puissante
furie de *mon* père,
ne détruisez pas à moi,
radicalement prise-par-l'ennemi,
une tout-à-fait-malheureuse ville,
qui-fait-entendre
la langue de la Grèce,
et des maisons
contenant-des-foyers *consacrés :*
je vous prie encore de ne jamais retenir
sous des jougs d'esclaves
cette terre libre
et la ville de Cadmus;
et soyez *notre* force.
Mais je crois dire
des choses communes *à vous et à moi:*
car une ville heureuse
honore les dieux.
LE CHOEUR. Je déplore
de grandes effroyables douleurs.
l'armée *ennemie* est lâchée
ayant quitté *son* camp :
ici coule nombreux
un peuple courant-à-cheval :
de-la-poussière ayant paru
soulevée-dans-l'air persuade moi,
messager muet,
certain, vrai :
et un cri qui-arrache-du-lit
mêlé-à-un-bruit-d'armes-dans-la-plaine
s'approche de *mon* oreille,
vole, et frémit
à la manière d'une onde irrésistible
qui-retentit-sur-la-montagne.
Hélas! hélas! hélas! hélas!
hélas! dieux et déesses,
détournez
le mal qui se lève.

ἀλεύσατε. Βοᾷ[1] ὑπὲρ τειχέων
ὁ λεύκασπις ὄρνυται λαὸς
εὐτρεπὴς, ἐπὶ πόλιν διώκων.
Τίς ἄρα ῥύσεται, τίς ἄρ' ἐπαρκέσει
θεῶν ἢ θεαινᾶν[2];
πότερα δῆτ' ἐγὼ ποτιπέσω βρέτη
δαιμόνων; Ἰὼ μάκαρες[3] εὔεδροι!
ἀκμάζει βρετέων ἔχεσθαι. Τί μέλ-
λομεν ἀγάστονοι[4];
Ἀκούετ', ἢ οὐκ ἀκούετ' ἀσπίδων κτύπον;
Πέπλων καὶ στεφέων πότ', εἰ μὴ νῦν, ἀμφὶ λιτὰν ἕξομεν;
κτύπον δέδορκα· πάταγος οὐχ ἑνὸς δορός.
Τί ῥέξεις; προδώσεις,
παλαιχθὼν Ἄρης, τὰν γᾶν τεάν;
ὦ χρυσοπήληξ δαῖμον, ἔπιδ', ἔπιδε
τὰν πόλιν, ἅν ποτ' εὐφιλήταν ἔθου·
θεοὶ πολιοῦχοι χθονὸς, ἴτ', ἴτε πάντες,
ἴδετε παρθένων ἱκέσιον λόχον
δουλοσύνας ὕπερ.
Κῦμα γὰρ περὶ πτόλιν
δοχμολόφων[5] ἀνδρῶν
καχλάζει πνοαῖς Ἄρεος ὀρόμενον.
Ἀλλ', ὦ Ζεῦ πάτερ παντελὲς, πάντως
ἄρηξον δαΐων ἅλωσιν.

Avec des cris qui montent jusqu'à nos remparts, un peuple aux boucliers blancs s'avance à pas rapides contre la ville. Qui de vous, dieux et déesses, nous sauvera, nous défendra? Au pied de quelles images irai-je me prosterner? Immortels habitants de ce temple, le moment est venu d'embrasser vos images. Que tardons-nous, troupe malheureuse que nous sommes? Entendez-vous ou n'entendez-vous pas le choc des boucliers? Quand donc offrirons-nous aux dieux, si ce n'est en ce jour, des voiles et des couronnes avec nos prières? J'ai entendu un bruit; c'est le cliquetis de mille lances. Antique protecteur de cette terre, ô Mars, que feras-tu? trahiras-tu ton pays? Dieu au casque d'or, regarde, regarde la ville que tu aimas tant autrefois. Dieux tutélaires de ce pays, venez, venez tous; voyez cette troupe suppliante de vierges, qui vous implorent contre l'esclavage. Un flot de guerriers aux longs panaches mugit autour de la ville, soulevé par le souffle de Mars. Père tout puissant, ô Jupiter, sauve-nous des

Ὁ λαὸς λεύκασπις	Le peuple aux-boucliers-blancs
ὄρνυται εὐτρεπὴς	s'élance agile
βοᾷ ὑπὲρ τειχέων,	avec un cri par-dessus *nos* murs,
διώκων ἐπὶ πόλιν.	poussant vers la ville.
Τίς ἄρα ῥύσεται,	Qui donc *nous* sauvera,
τίς ἄρα ἐπαρκέσει,	qui donc *nous* secourra,
θεῶν ἢ θεαινᾶν;	des dieux ou des déesses?
πότερα βρέτη δαιμόνων	*Devant* quelles images de dieux
δῆτα ἐγὼ ποτιπέσω;	*faut-il* donc que je-me-prosterne?
Ἰὼ μάκαρες εὔεδροι!	Ah! dieux aux-belles-demeures!
ἀκμάζει	il est-grand-temps
ἔχεσθαι βρετέων.	de s'attacher à *vos* images.
Τί μέλλομεν ἀγάστονοι;	Que tardons-nous, gémissant trop?
Ἀκούετε,	Entendez-vous,
ἢ οὐκ ἀκούετε	ou n'entendez-vous pas
κτύπον ἀσπίδων;	un bruit de boucliers?
Πότε, εἰ μὴ νῦν,	Quand, si-ce-n'est à-présent,
ἕξομεν ἀμφὶ λιτὰν	nous-occuperons-nous d'une prière
πέπλων καὶ στεφέων;	*entourée* de voiles et de couronnes?
δέδορκα κτύπον·	j'ai vu, *j'ai saisi*, un son :
πάταγος οὐχ ἑνὸς δορός.	*c'est* le bruit non d'une-seule lance.
Τί ῥέξεις;	Que feras-tu?
Ἄρης παλαιχθὼν,	Mars, antique-*dieu-de-cette*-terre,
προδώσεις τὰν γᾶν τεάν;	trahiras-tu la terre tienne?
Ὦ δαῖμον χρυσοπήληξ,	O dieu au-casque-d'or,
ἔπιδε, ἔπιδε τὰν πόλιν,	regarde, regarde la ville
ἅν ποτε ἔθου εὐφιλήταν·	qu'autrefois tu jugeas bien-chérie.
θεοὶ πολιοῦχοι χθονὸς,	Dieux, gardiens de *cette* terre,
ἴτε, ἴτε πάντες,	venez, venez tous,
ἴδετε λόχον παρθένων	voyez *une* troupe de vierges
ἱκέσιον	suppliante
ὑπὲρ δουλοσύνας.	pour *détourner*-l'esclavage.
Κῦμα γὰρ	Car un flot
ἀνδρῶν δοχμολόφων	d'hommes au-panache-oblique
καχλάζει ὀρόμενον	bouillonne soulevé
πνοαῖς Ἄρεος	par les souffles de Mars
περὶ πτόλιν.	autour de la ville.
Ἀλλὰ, ὦ Ζεῦ πάτερ παντελὲς,	Mais, ô Jupiter, père tout-puissant,
ἄρηξον πάντως	empêche entièrement
ἅλωσιν δαΐων.	la prise *de la ville* par les ennemis.

Ἀργεῖοι δὲ πόλισμα Κάδμου
κυκλοῦνται· φόβος δ' ἀρηΐων ὅπλων·
διάδετοι δὲ γενύων ἱππείων
κινύρονται φόνον χαλινοί.
Ἑπτὰ δ' ἀγήνορες πρέποντες στρατῷ
δορυσσόοις [1] σάγαις πύλαις ἑβδόμαις
προσίστανται, πάλῳ λαχόντες.
Σύ τ', ὦ Διογενὲς, φιλόμαχον κράτος,
ῥυσίπολις γενοῦ, Παλλὰς, ὅ θ' ἵππιος
ποντομέδων ἄναξ
ἰχθυβόλῳ μαχανᾷ, Ποσειδᾶν,
ἐπίλυσιν φόβων, ἐπίλυσιν δίδου.
Σύ τ', Ἄρης, φεῦ! φεῦ! Κάδμου ἐπώνυμον
πόλιν φύλαξον,
κήδεσαί τ' ἐναργῶς.
Καὶ, Κύπρις, ἅτε [3] γένους προμάτωρ,
ἄλευσον· σέθεν γὰρ ἐξ αἵματος
γεγόναμεν· λιταῖσί σε θεοκλύτοις
ἀπύουσαι πελαζόμεσθα.
Καὶ σὺ, Λύκει' ἄναξ [4], Λύκειος γενοῦ
τῷ στρατῷ τῷ δαΐῳ,
στόνων ἀϋτᾷ· σύ τ', ὦ
Λατογένεια κοῦρα,

mains des ennemis. Les Argiens investissent la ville de Cadmus, et les armes meurtrières m'épouvantent; les freins, que secoue la bouche des coursiers, font entendre un bruit lugubre. Sept guerriers distingués par l'éclat de leurs armures se tiennent aux sept portes que le sort leur a marquées. Fille de Jupiter, puissance amie des combats, ô Pallas, sois notre gardienne. Et toi, créateur du coursier, toi dont le trident redouté des poissons régit les mers, ô Neptune, délivre-moi, délivre-moi de mes terreurs. O Mars, hélas! hélas! veille sur une ville qui porte le nom de Cadmus, et montre-toi hautement son allié. Et toi, mère de nos aïeux, ô Cypris, éloigne de nous tous ces maux. Nous sommes ton sang, et nos prières qui crient vers toi doivent être exaucées. Toi aussi, dieu *destructeur des loups*, sois aujourd'hui le *destructeur* de nos ennemis; entends nos voix plaintives. Et toi, fille

Ἀργεῖοι δὲ κυκλοῦνται
πόλισμα Κάδμου·
φόβος δὲ ὅπλων ἀρηΐων·
χαλινοὶ δὲ
διάδετοι γενύων ἱππείων
κινύρονται φόνον.
Ἑπτὰ δὲ ἀγήνορες
πρέποντες στρατῷ
σάγαις
δορυσσόοις
προσίστανται ἑβδόμαις πύλαις
λαχόντες πάλῳ.
Σύ τε, ὦ Διογενὲς,
κράτος φιλόμαχον,
Παλλὰς, γενοῦ ῥυσίπολις,
Ποσειδᾶν τε, ἄναξ ἵππιος
ποντομέδων
μαχανᾷ
ἰχθυβόλῳ,
δίδου ἐπίλυσιν,
ἐπίλυσιν φόβων.
Σύ τε, Ἄρης, φεῦ! φεῦ!
φύλαξον πόλιν
ἐπώνυμον Κάδμου,
κήδεσαί τε ἐναργῶς.
Καὶ, Κύπρις,
ἅτε προμάτωρ γένους,
ἄλευσον·
γεγόναμεν γὰρ
ἐξ αἵματος σέθεν·
πελαζόμεσθά σε ἀΰουσαι
λιταῖσι
θεοκλύτοις.
Καὶ σὺ,
ἄναξ Λύκειε,
γενοῦ Λύκειος
τῷ στρατῷ τῷ δαΐῳ
ἀϋτᾷ στόνων·
σύ τε, ὦ κοῦρα
Λατογένεια,

Or les Argiens entourent
la ville de Cadmus :
et peur *est à moi* des armes de Mars;
et les freins
attachés aux mâchoires des-chevaux
rendent-un-son-plaintif de meurtre.
Et sept braves
distingués dans l'armée
par des armures
agitant-rapidement-la-lance,
se tiennent auprès des sept portes
ayant-tiré-au-sort par un-jet-de-dés.
Et toi, ô fille-de-Jupiter,
puissance amie-des-combats,
Pallas, sois protectrice-de-la-ville,
et *toi*, Neptune, souverain équestre
régnant-sur-les-mers
avec un instrument
qui-frappe-les-poissons,
donne-*nous* la délivrance,
la délivrance de *nos* craintes.
Et toi, Mars, hélas! hélas!
garde la ville
qui-porte-le-nom de Cadmus,
et prends-soin d'*elle* visiblement.
Et *toi*, Cypris,
qui *es* la-première-mère de *notre* race,
détourne *de nous le malheur :*
car nous-sommes-nées
du sang de-toi :
nous nous approchons de toi en-criant
avec des prières
qui-invoquent-les dieux.
Et toi,
souverain destructeur-des-loups,
sois destructeur-des-loups
pour l'armée ennemie,
au cri de *nos* gémissements :
et toi, ô vierge,
fille-de-Latone,

τόξον εὖ πυκάζου [1],
Ἄρτεμι φίλα. Ἒ ἔ! ἒ ἔ!
ὄτοβον ἁρμάτων ἀμφὶ πόλιν κλύω,
ὦ πότνι' Ἥρα·
ἔλακον ἀξόνων βριθομένων χνόαι,
Ἄρτεμι φίλα. Ἒ ἔ! ἒ ἔ!
δορυτίνακτος αἰθὴρ ἐπιμαίνεται.
Τί πόλις ἄμμι πάσχει [2]; τί γενήσεται;
Ποῖ δ' ἔτι τέλος ἐπάγει θεός; ἒ ἔ! ἒ ἔ!
Ἀκροβόλων δ' ἐπάλξεων λιθὰς ἔρχεται,
ὦ φίλ' Ἄπολλον.
Κόναβος ἐν πύλαις χαλκοδέτων σακέων.
Καὶ Διόθεν πολεμόκραντον ἁγνὸν τέλος,
ἐν μάχαισί τε μάκαιρ' ἄνασσ', Ὄγκα [3] πρὸ πόλεως,
ἑπτάπυλον ἕδος ἐπιῤῥύου.
Ἰὼ παναλκεῖς θεοὶ,
ἰὼ τέλειοι τέλειαί τε γᾶς
τᾶσδε πυργοφύλακες, πόλιν
δορίπονον μὴ προδῶθ'
ἑτεροφώνῳ στρατῷ.
Κλύετε παρθένων, κλύετε πανδίκως
χειροτόνους λιτάς.
Ἰὼ φίλοι δαίμονες,

de Latone, favorable Artémis, prépare ton arc. Ciel! ciel! j'entends les chars qui roulent autour de la ville. Auguste Junon! les essieux crient sous le poids. O favorable Artémis! Ciel! ciel! agité par les lances, l'air frémit. Que va souffrir Thèbes? que va-t-elle devenir? quel sort lui préparent les dieux? Hélas! hélas! une grêle de pierres vient frapper le haut de nos remparts, favorable Apollon! un bruit de boucliers d'airain retentit à nos portes. Fille de Jupiter, sainte arbitre de la guerre, reine immortelle des combats, Oncé, dont le temple est en face de Thèbes, défends la ville aux sept portes! O dieux tout-puissants, déesses gardiennes de cette terre, ne livrez pas à une armée étrangère cette malheureuse ville. Écoutez, écoutez des vierges timides, qui, les mains étendues, vous adressent les plus justes

φίλα Ἄρτεμι,	chère Artémis,
πυκάζου εὖ τόξον.	arme-toi bien de ton arc.[1]
Ἓ ἕ! ἓ ἕ! κλύω	Hélas! hélas! hélas! hélas! j'entends
ὄτοβον ἁρμάτων ἀμφὶ πόλιν,	un bruit de chars autour de la ville,
ὦ πότνια Ἥρα·	ô vénérable Junon!
χνόαι	les trous-de-moyeux
ἀξόνων βριθομένων	des essieux chargés
ἔλακον, φίλα Ἄρτεμι.	ont retenti, chère Artémis.
Ἓ ἕ! ἓ ἕ!	Hélas! hélas! hélas! hélas
αἰθὴρ δορυτίνακτος	l'air agité-par-les-lances
ἐπιμαίνεται.	frémit.
Τί πόλις ἄμμι πάσχει;	Qu'*est-ce que* la ville *nous* va-souffrir
τί γενήσεται;	que deviendra-t-elle?
Ποῖ δὲ ἔτι θεὸς	Où donc encore un dieu
ἐπάγει τέλος;	mène-t-il la fin *de ceci?*
Ἓ ἕ! ἓ ἕ!	Hélas! hélas! hélas! hélas!
λιθὰς ἔρχεται	une grêle-de-pierres vient
ἐπαλξέων ἀκροβόλων,	*sur* les créneaux atteints-en-haut,
ὦ φίλε Ἄπολλον.	ô cher Apollon.
Κόναβος σακέων	Un retentissement de boucliers
χαλκοδέτων	attachés-avec-de-l'airain
ἐν πύλαις.	*se fait entendre* aux portes.
Καὶ τέλος ἁγνὸν	Et *toi*, puissance sainte,
πολεμόκραντον Διόθεν,	arbitre-de-la-guerre de-par-Jupiter,
μάκαιρά τε ἄνασσα ἐν μάχαισι,	et déesse reine dans les combats,
Ὄγκα	Oncé
πρὸ πόλεως,	*dont le temple est* devant la ville,
ἐπιῤῥύου ἕδος ἑπτάπυλον.	sauve le sol aux sept portes.
Ἰὼ θεοὶ παναλκεῖς,	Ah! dieux tout-puissants,
ἰὼ τέλειοι	ah! parfaits
τέλειαί τε	et parfaites *dieux et déesses*,
πυργοφύλακες τᾶσδε γᾶς,	gardiens-des-tours de cette terre-ci,
μὴ προδῶτε πόλιν	ne livrez pas la ville
δορίπονον	*pour être* dévastée-par-la-lance
στρατῷ ἑτεροφώνῳ.	à une armée de-langue-étrangère.
Κλύετε παρθένων,	Écoutez des vierges,
κλύετε πανδίκως	écoutez en-toute-justice
λιτὰς	des prières
χειροτόνους.	qui-tendent-les-mains *vers vous*.
Ἰὼ δαίμονες φίλοι,	Ah! dieux amis,

λυτήριοι ἀμφιϐάντες πόλιν,
δείξαθ' ὡς φιλοπόλεις, μέλε-
σθέ θ' ἱερῶν δημίων,
μελόμενοι δ' ἀρήξατε·
φιλοθύτων δέ τοι πόλεος ὀργίων
μνήστορες ἔστε μοι.

ΕΤΕΟΚΛΗΣ.

Ὑμᾶς ἐρωτῶ, θρέμματ' οὐκ ἀνασχετά·
ἦ ταῦτ' ἄριστα καὶ πόλει σωτήρια,
στρατῷ τε θάρσος τῷδε πυργηρουμένῳ,
βρέτη πεσούσας πρὸς πολισσούχων θεῶν,
αὔειν, λακάζειν; σωφρόνων μισήματα!
Μήτ' ἐν κακοῖσι, μήτ' ἐν εὐεστοῖ φίλῃ
ξύνοικος εἴην τῷ γυναικείῳ γένει.
Κρατοῦσα μὲν γὰρ [1], οὐχ ὁμιλητὸν θράσος·
δείσασα δ', οἴκῳ καὶ πόλει πλέον κακόν.
Καὶ νῦν, πολίταις τάσδε διαδρόμους φυγὰς
θεῖσαι, διεῤῥοθήσατ' ἄψυχον κάκην,
τὰ τῶν θύραθεν δ' ὡς ἄριστ' ὀφέλλετε·
αὐτοὶ δ' ὑφ' αὑτῶν ἔνδοθεν πορθούμεθα.

prières. Ah! dieux amis, protecteurs habituels de cette ville, prouvez que vous l'aimez; veillez sur vos temples, veillez-y pour les défendre; et souvenez-vous des fêtes, où tant de victimes vous sont immolées.

ÉTÉOCLE. Je vous le demande, insupportable engeance; est-ce servir et sauver la patrie, est-ce encourager nos soldats assiégés, que de tomber prosternés devant les images de ces dieux tutélaires avec ces plaintes et ces cris? Sexe haï des sages! que jamais, soit dans le malheur, soit dans la prospérité, je n'habite avec toi! Loin du péril, sa présomption est intolérable; dans le péril, il ne fait qu'aggraver les maux de la famille et du peuple. En fuyant ainsi devant nos soldats, vous leur communiquez votre lâche faiblesse; et vous ne sauriez mieux servir la cause des ennemis; c'est nous-mêmes qui dans

ἀμοιβάντες πόλιν	venant-autour de la ville
λυτήριοι,	*comme* libérateurs,
δείξατε ὡς	montrez que *vous êtes*
φιλοπόλεις,	amis de la ville,
μέλεσθέ τε ἱερῶν δημίων,	et prenez soin des temples publics,
μελόμενοι δὲ ἀρήξατε·	et *en* prenant-soin défendez-*les ;*
ἔστε δέ μοί τοι	et soyez-*moi* certes
μνήστορες ὀργίων	vous-souvenant des fêtes
φιλοθύτων πόλεος.	fécondes-en-sacrifices de *cette* ville.
ΕΤΕΟΚΛΗΣ. Ἐρωτῶ ὑμᾶς,	ÉTÉOCLE. Je *le* demande à vous,
θρέμματα οὐκ ἀνασχετά·	créatures non supportables ;
ἦ ταῦτα ἄριστα	est-ce-que ces choses *sont* les meilleures
καὶ σωτήρια πόλει,	et propres-à-sauver la ville,
θάρσος τε	et *est-ce de* la confiance
τῷδε στρατῷ πυργηρουμένῳ,	pour cette armée-ci assiégée,
πεσούσας πρὸς βρέτη	*vous* prosternées vers les images
θεῶν πολισσούχων,	des dieux gardiens-de-la-ville,
αὔειν, λακάζειν ;	crier, vociférer ?
μισήματα σωφρόνων !	objets-de-haine pour les sages !
μήτε ἐν κακοῖσι,	*que* ni dans les malheurs,
μήτε ἐν εὐεστοῖ φίλῃ	ni dans le bien-être aimé
εἴην ξύνοικος	je *ne* sois cohabitant
τῷ γένει γυναικείῳ.	avec la race féminine.
Κρατοῦσα μὲν γάρ,	Car *la femme* étant-maîtresse,
θράσος οὐχ ὁμιλητόν·	*son* audace n'*est pas* sociable ;
δείσασα δὲ,	et *elle* craignant,
κακὸν πλέον	le mal *est* plus-grand
οἴκῳ καὶ πόλει.	pour la maison et pour la ville.
Καὶ νῦν	Et maintenant
θεῖσαι πολίταις	mettant-sous-les-yeux-des-citoyens
τάσδε φυγὰς	ces fuites-ci
διαδρόμους,	rapides-à-travers-*la-ville*,
διεῤῥοθήσατε	vous *leur* avez inspiré-par-vos-cris
κάκην ἄψυχον,	une lâcheté sans-cœur,
ὀφέλλετε δὲ ὡς ἄριστα	et vous faites-prospérer au mieux
τὰ τῶν	les *affaires* de ceux
θύραθεν·	du-dehors-des-portes ;
αὐτοὶ δὲ	et *nous*-mêmes
ὑπὸ αὐτῶν ἔνδοθεν	par *nous*-mêmes du-dedans
πορθούμεθα.	nous sommes ravagés.

Τοιαῦτα τἂν γυναιξὶ συνναίων ἔχοις.
Κεἰ μή τις ἀρχῆς τῆς ἐμῆς ἀκούσεται,
ἀνὴρ, γυνή τε, χὤ τι τῶν μεταίχμιον,
ψῆφος κατ' αὐτῶν ὀλεθρία βουλεύσεται [1],
λευστῆρα δήμου δ' οὔτι μὴ φύγῃ μόρον.
Μέλει γὰρ ἀνδρὶ, μὴ γυνὴ βουλευέτω,
τἄξωθεν · ἔνδον δ' οὖσα, μὴ βλάβην τίθει [2].
Ἤκουσας, ἢ οὐκ ἤκουσας; ἢ κωφῇ λέγω;

ΧΟΡΟΣ.

(Στροφὴ α'.)

Ὦ φίλον Οἰδίπου τέκος, ἔδεισ' ἀκούσασα τὸν ἁρματόκτυπον ὄτοβον ὄτοβον,
ὅτε τε σύριγγες ἔκλαγξαν ἑλίτροχοι,
ἱππικῶν [3] τ' ἀύπνων
πηδαλίων διὰ στόμα,
πυριγενετᾶν χαλινῶν.

ΕΤΕΟΚΛΗΣ.

Τί οὖν; ὁ ναύτης ἆρα μὴ ἐς πρῷραν φυγὼν
πρύμνηθεν εὗρε μηχανὴν σωτηρίας,
νεὼς καμούσης ποντίῳ πρὸς κύματι;

ΧΟΡΟΣ.

(Ἀντιστροφὴ α'.)

Ἀλλ' ἐπὶ δαιμόνων πρόδρομος ἦλθον ἀρ-
χαῖα βρέτη θεοῖσι πίσυνος, νιφάδος

nos murs travaillons à notre perte. Voilà ce que l'on gagne à vivre avec des femmes! Mais quiconque me désobéira, homme, femme ou enfant, l'arrêt de sa mort est porté; point de grâce; il sera lapidé par le peuple. C'est à l'homme, et non point à la femme, de pourvoir aux soins du dehors; tranquille à la maison, qu'elle ne vienne pas le troubler. Suis-je ou ne suis-je pas entendu? Parlé-je à des sourdes?

LE CHOEUR. O cher fils d'Œdipe! l'effroi m'a saisie au bruit et au fracas des chars, aux cris des essieux pressés dans les roues, au grincement des freins sous la dent des coursiers, au son de ce fer que façonna le feu et qui maintenant les dirige.

ÉTÉOCLE. Quoi donc? quand la tempête fatigue le navire, est-ce en fuyant de la poupe à la proue que le matelot peut échapper au naufrage?

LE CHOEUR. Pleine de confiance dans les dieux, j'ai couru au pied de ces antiques statues; le bruit d'une grêle meurtrière de traits re-

Ἔχοις τοι ἂν τοιαῦτα	Tu auras *de tels-résultats*
συνναίων γυναιξί.	en cohabitant avec des femmes.
Καὶ εἴ τις μὴ ἀκούσεται	Et si quelqu'un n'écoute pas
τῆς ἐμῆς ἀρχῆς,	mon autorité,
ἀνήρ, γυνή τε,	homme et femme,
καὶ ὅ τι μεταίχμιον τῶν,	et ce qui *est*-entre-eux,
ψῆφος ὀλεθρία	un décret de-mort
βουλεύσεται κατὰ αὐτῶν,	sera-porté contre eux,
οὔτι δὲ μὴ	et *il* n'*y aura* pas *moyen*
φύγῃ	*qu'aucun* évite
μόρον λευστῆρα	une mort produite par les pierres
δήμου.	du peuple(*une lapidation populaire*).
Τὰ ἔξωθεν γὰρ	Car les choses-du-dehors
μέλει ἀνδρί,	sont-à-soin à l'homme,
γυνὴ μὴ βουλευέτω·	que la femme ne s'*en* occupe pas
οὖσα δὲ ἔνδον	mais *toi* étant *dans la maison*,
μὴ τίθει βλάβην.	ne fais pas de tort.
Ἤκουσας, ἢ οὐκ ἤκουσας;	As-tu entendu ou n'as-tu pas entendu?
ἢ λέγω κωφῇ;	ou parlé-je à une sourde?
ΧΟΡΟΣ. Ὦ φίλον τέκος Οἰδίπου,	LE CHOEUR. O cher fils d'OEdipe,
ἔδεισα ἀκούσασα	j'ai craint ayant-entendu
τὸν ὄτοβον ὄτοβον	le bruit, *le* bruit
ἁρματόκτυπον,	produit-par-un-choc-de-chars,
ὅτε τε ἔκλαγξαν	et lorsqu'ont crié
σύριγγες	les moyeux
ἑλίτροχοι,	qui-font-tourner-les-roues,
χαλινῶν τε πυριγενετᾶν	et *le bruit* des freins nés-dans-le-feu
πηδαλίων ἱππικῶν	gouvernails de-chevaux
ἀΰπνων διὰ στόμα.	toujours-actifs dans *leur* bouche.
ΕΤΕΟΚΛΗΣ. Τί οὖν;	ÉTÉOCLE. Quoi donc?
ἆρα μὴ ὁ ναύτης	est-ce donc que le matelot
εὗρε μηχανὴν σωτηρίας,	a trouvé un moyen de salut
φυγὼν πρύμνηθεν ἐς πρῷραν,	en fuyant de-la-poupe à la proue,
νεὼς καμούσης	le vaisseau étant fatigué
πρὸς κύματι ποντίῳ;	par les flots de-la-mer?
ΧΟΡΟΣ. Ἀλλὰ ἦλθον	LE CHOEUR. Mais je suis venue
πρόδρομος	en-courant,
πίσυνος θεοῖσι	*toute* confiante dans les dieux,
ἐπὶ ἀρχαῖα βρέτη	vers les antiques images
δαιμόνων, ὅτε ἐν πύλαις	des divinités, lorsque aux portes

ὅτ' ὀλοᾶς νιφομένης βρόμος ἐν πύλαις.
Δὴ τότ' ἤρθην [1] φόβῳ
πρὸς μακάρων λιτὰς, πόλεως
ἵν' ὑπερέχοιεν ἀλκάν.

ΕΤΕΟΚΛΗΣ.

Πύργον στέγειν εὔχεσθε πολέμιον δόρυ.

ΧΟΡΟΣ.

Οὐκοῦν τάδ' ἔσται πρὸς θεῶν.

ΕΤΕΟΚΛΗΣ.

Ἀλλ' οὖν θεοὺς
τοὺς τῆς ἀλούσης πόλεος ἐκλείπειν λόγος.

ΧΟΡΟΣ.

(Στροφὴ β'.)

Μήποτ' ἐμὸν κατ' αἰῶνα λίποι θεῶν
ἅδε πανήγυρις, μηδ' ἐπίδοιμι τάνδ'
ἀστυδρομουμέναν πόλιν, καὶ στράτευμ'
ἁπτόμενον [2] πυρὶ δαΐῳ.

ΕΤΕΟΚΛΗΣ.

Μή μοι, θεοὺς καλοῦσα, βουλεύου κακῶς·
πειθαρχία γάρ ἐστι τῆς εὐπραξίας
μήτηρ, γυνὴ [3], σωτῆρος· ὧδ' ἔχει λόγος.

ΧΟΡΟΣ.

(Ἀντιστροφὴ β'.)

Ἔστι [4]· θεοῖς δ' ἔτ' ἰσχὺς καθυπερτέρα·
πολλάκι δ' ἐν κακοῖσι τὸν ἀμήχανον [5]
κἀκ χαλεπᾶς δύας ὕπερθ' ὀμμάτων
κρημναμενᾶν νεφελᾶν ὀρθοῖ.

tentissait aux portes; l'effroi m'a fait élever mes prières jusqu'aux immortels, pour qu'ils étendissent leur protection sur la ville.

ÉTÉOCLE. Demandez-leur que ces tours résistent à l'ennemi.

LE CHOEUR. Assurément, cela dépend des dieux.

ÉTÉOCLE. Mais une ville une fois prise, ses dieux, dit-on, l'abandonnent.

LE CHOEUR. Ah! que jamais, tant que je vivrai, ces dieux ne nous délaissent! que jamais je ne voie cette ville saccagée, et son peuple en proie au feu de l'ennemi!

ÉTÉOCLE. Tout en invoquant les dieux, n'allez pas nous perdre. Femme, l'obéissance est mère du succès sauveur.

LE CHOEUR. Oui; mais le pouvoir des dieux est plus fort; souvent, dans la nuit épaisse du malheur, il dissipe le nuage étendu sur nos yeux.

βρόμος	*s'est fait entendre* le frémissement
νιφάδος ὀλοᾶς	d'un ouragan-de-neige funeste
νιφομένης.	se-déchaînant.
Δὴ τότε ἤρθην φόβῳ	Certes alors je me-suis-élevée de crainte
πρὸς λιτὰς μακάρων,	vers des prières *aux* dieux ,
ἵνα ὑπερέχοιεν πόλεως	afin qu'ils étendissent-sur-la ville
ἀλκάν.	*leur* secours.
ΕΤΕΟΚΛΗΣ. Εὔχεσθε	ÉTÉOCLE. Priez
πύργον στέγειν	que la tour soutienne
δόρυ πολέμιον.	la lance ennemie.
ΧΟΡΟΣ. Οὐκοῦν τάδε	LE CHOEUR. Assurément ces choses
ἔσται πρὸς θεῶν.	seront *par-la volonté des* dieux.
ΕΤΕΟΚΛΗΣ. Ἀλλὰ οὖν λόγος	ÉTÉOCLE. Mais certes le bruit *est*
τοὺς θεοὺς	les dieux
πόλεος τῆς ἁλούσης	d'une ville prise
ἐκλείπειν.	*l'*abandonner.
ΧΟΡΟΣ. Μήποτε	LE CHOEUR. Que jamais
κατὰ ἐμὸν αἰῶνα	de mon temps
ἅδε πανήγυρις θεῶν	cette assemblée-ci des dieux
λίποι,	*ne-l'*abandonne ,
μηδὲ ἐπίδοιμι	et que je-ne-voie-pas
τάνδε πόλιν	cette ville-ci
ἀστυδρομουμένην,	en-proie-à-un-assaut ,
καὶ στράτευμα ἁπτόμενον	et *notre* armée brûlée
πυρὶ δαΐῳ.	par le feu ennemi.
ΕΤΕΟΚΛΗΣ. Μή μοι	ÉTÉOCLE. Ne *me*
βουλεύου κακῶς,	prends-pas un-mauvais-parti
καλοῦσα θεούς·	en invoquant les dieux ;
πειθαρχία γάρ,	car l'obéissance,
γυνή, ἐστὶ μήτηρ	ô femme, est mère
τῆς εὐπραξίας σωτῆρος·	du succès sauveur :
ὧδε ἔχει λόγος.	ainsi est la raison.
ΧΟΡΟΣ. Ἔστι·	LE CHOEUR· *Oui, cela* est :
θεοῖς δὲ ἰσχὺς	mais aux dieux *est* une puissance
ἔτι καθυπερτέρα·	encore plus-haute :
πολλάκι δὲ ὀρθοῖ	et souvent elle redresse
ἐν κακοῖσι τὸν ἀμήχανον	dans les maux l'*homme*-sans-ressource
καὶ ἐκ δύας χαλεπᾶς,	même d'une misère difficile,
νεφελᾶν κρημναμενᾶν	des nuages flottant-suspendus
ὕπερθ' ὀμμάτων.	par-dessus *ses* yeux.

ΕΤΕΟΚΛΗΣ.

Ἀνδρῶν τάδ' ἐστὶ, σφάγια καὶ χρηστήρια
θεοῖσιν ἔρδειν, πολεμίων πειρωμένων·
σὸν δ' αὖ τὸ σιγᾷν, καὶ μένειν εἴσω δόμων.

ΧΟΡΟΣ.

(Στροφὴ γ'.)

Διὰ θεῶν πόλιν νεμόμεθ' ἀδάμαστον,
δυσμενέων δ' ὄχλον πύργος ἀποστέγει.
Τίς τάδε [1] νέμεσις στυγεῖ;

ΕΤΕΟΚΛΗΣ.

Οὔτοι φθονῶ σοι δαιμόνων τιμᾷν γένος·
ἀλλ', ὡς πολίτας μὴ κακοσπλάγχνους τιθῇς,
ἔκηλος ἴσθι, μηδ' ἄγαν ὑπερφοβοῦ.

ΧΟΡΟΣ.

(Ἀντιστροφὴ γ'.)

Ποταίνιον κλύουσα πάταγον, ἄμμιγα
ταρβοσύνῳ φόβῳ τάνδ' ἐς ἀκρόπτολιν,
τίμιον ἕδος, ἱκόμαν.

ΕΤΕΟΚΛΗΣ.

Μὴ νῦν, ἐὰν θνήσκοντας ἢ τετρωμένους
πύθησθε, κωκυτοῖσιν ἁρπαλίζετε·
τούτῳ γὰρ Ἄρης βόσκεται φόβῳ [2] βροτῶν.

ΧΟΡΟΣ.

Καὶ μὴν ἀκούω γ' ἱππικῶν φρυαγμάτων.

ΕΤΕΟΚΛΗΣ.

Μὴ νῦν ἀκούουσ' ἐμφανῶς ἄκου' ἄγαν.

ÉTÉOCLE. A l'approche de l'ennemi, c'est aux hommes de fai les sacrifices et d'interroger les dieux ; ton devoir, à toi, c'est de t taire et de rester à la maison.

LE CHOEUR. Grâce aux dieux, nous habitons une ville invaincu et la tour résiste à l'effort des ennemis. T'indignes-tu de ces paroles

ÉTÉOCLE. Je ne vous blâme point d'honorer les dieux ; mais pou ne pas décourager nos soldats, rassurez-vous, et modérez votre effro

LE CHOEUR. Un fracas soudain m'a fait accourir craintive e tremblante dans cette citadelle, asile précieux.

ÉTÉOCLE. Si vous entendez parler de morts ou de blessés, n'alle pas faire éclater les plaintes ; Mars se repaît de ces terreurs des mor tels.

LE CHOEUR. J'entends hennir des coursiers.

ÉTÉOCLE. Tout en les entendant, feignez de ne les pas entendre

ΕΤΕΟΚΛΗΣ. Ἀνδρῶν	ÉTÉOCLE. Aux hommes
ἐστι τάδε,	appartiennent ces choses,
ἔρδειν θεοῖσιν	faire aux dieux
σφάγια	sacrifices
καὶ χρηστήρια,	et offrandes-pour-oracles,
πολεμίων πειρωμένων·	les ennemis attaquant :
σὸν δὲ αὖ	mais ton-*devoir* à-ton-tour
τὸ σιγᾶν,	*est* le te taire,
καὶ μένειν εἴσω δόμων.	et le rester dans les maisons.
ΧΟΡΟΣ. Διὰ θεῶν	LE CHOEUR. Grâce aux dieux
νεμόμεθα	nous habitons
πόλιν ἀδάμαστον,	une ville indomptée,
πύργος δὲ ἀποστέγει	et la tour repousse
ὄχλον δυσμενέων.	la foule des ennemis.
Τίς νέμεσις	Quelle indignation
στυγεῖ τάδε;	peut-avoir-horreur de *ce-que-je-dis-là?*
ΕΤΕΟΚΛΗΣ. Οὔτοι φθονῶ σοι	ÉTÉOCLE. Certes-je-ne-refuse-pas à toi
τιμᾶν γένος δαιμόνων·	d'honorer la race des dieux :
ἀλλά, ὡς μὴ τιθῇς	mais, pour que tu ne-rendes-pas
πολίτας κακοσπλάγχνους,	les citoyens pusillanimes,
ἴσθι ἔκηλος,	sois (*tiens-toi*) tranquille,
μηδὲ ὑπερφοβοῦ ἄγαν.	et ne t'effraie-pas à-l'excès.
ΧΟΡΟΣ. Κλύουσα	LE CHOEUR. En entendant
πάταγον ποταίνιον, ἱκόμαν	un bruit soudain, je suis venue
ἄμμιγα φόβῳ ταρβοσύνῳ	avec une frayeur tremblante
ἐς τάνδε ἀκρόπτολιν,	dans cette citadelle-ci,
ἕδος τίμιον.	séjour précieux.
ΕΤΕΟΚΛΗΣ. Νῦν,	ÉTÉOCLE. Maintenant,
ἐὰν πύθησθε	si vous entendez-*parler*
θνήσκοντας ἢ τετρωμένους,	de mourants ou de blessés,
μὴ ἁρπαλίζετε	ne vous-abandonnez-pas
κωκυτοῖσιν·	aux lamentations ;
Ἄρης γὰρ βόσκεται	car Mars se nourrit
τούτῳ φόβῳ βροτῶν.	de cet effroi des mortels.
ΧΟΡΟΣ. Καὶ μήν γε	LE CHOEUR. Et pourtant certes
ἀκούω	j'entends
φρυαγμάτων ἱππικῶν.	des hennissements de-chevaux.
ΕΤΕΟΚΛΗΣ. Νῦν	ÉTÉOCLE. Maintenant,
ἀκούουσα	tout-en-entendant,
μὴ ἄκουε ἄγαν ἐμφανῶς.	n'entends pas trop visiblement.

ΧΟΡΟΣ.

Στένει πόλισμα γῆθεν [1], ὡς κυκλουμένων.

ΕΤΕΟΚΛΗΣ.

Οὔκουν ἔμ' ἀρκεῖ τῶνδε βουλεύειν πέρι;

ΧΟΡΟΣ.

Δέδοικ', ἀραγμὸς δ' ἐν πύλαις ὀφέλλεται.

ΕΤΕΟΚΛΗΣ.

Οὐ σῖγα [2]; μηδὲν τῶνδ' ἐρεῖς κατὰ πτόλιν.

ΧΟΡΟΣ.

Ὦ ξυντέλεια, μὴ προδῷς πυργώματα.

ΕΤΕΟΚΛΗΣ.

Οὐκ ἐς φθόρον σιγῶσ' ἀνασχήσει τάδε;

ΧΟΡΟΣ.

Θεοὶ πολῖται, μή με δουλείας τυχεῖν.

ΕΤΕΟΚΛΗΣ.

Αὐτὴ σὺ δουλοῖς κἀμὲ καὶ σὲ καὶ πόλιν.

ΧΟΡΟΣ.

Ὦ παγκρατὲς Ζεῦ, τρέψον εἰς ἐχθροὺς βέλος.

ΕΤΕΟΚΛΗΣ.

Ὦ Ζεῦ, γυναικῶν οἷον ὤπασας γένος!

ΧΟΡΟΣ.

Μοχθηρὸν ὥσπερ ἄνδρες, ὧν ἁλῷ πόλις.

ΕΤΕΟΚΛΗΣ.

Παλινστομεῖς αὖ θιγγάνουσ' ἀγαλμάτων.

ΧΟΡΟΣ.

Ἀψυχίᾳ γὰρ γλῶσσαν ἁρπάζει φόβος.

LE CHOEUR. Un gémissement souterrain agite nos remparts, c'est l'ennemi qui les presse.

ÉTÉOCLE. Ne suffit-il donc pas que j'aie pourvu à tout?

LE CHOEUR. Je tremble, le bruit redouble aux portes.

ÉTÉOCLE. Ne saurez-vous vous taire, et ne rien dire de cela par la ville?

LE CHOEUR. Conseil des dieux, ne trahissez point ces remparts!

ÉTÉOCLE. Malheureuses! ne pouvez-vous souffrir en silence?

LE CHOEUR. Dieux de Thèbes, sauvez-moi de l'esclavage.

ÉTÉOCLE. L'esclavage! mais vous y courez vous-même, en m'y entraînant avec toute la ville.

LE CHOEUR. Tout-puissant Jupiter, tourne tes traits contre les ennemis.

ÉTÉOCLE. O Jupiter! quel don tu nous a fait en nous donnant les femmes! quelle engeance!

LE CHOEUR. A plaindre, comme les hommes, quand une ville est prise.

ÉTÉOCLE. Vous murmurez encore au pied de ces statues!

LE CHOEUR. Je suis faible; la frayeur égare ma langue.

ΧΟΡΟΣ. Πόλισμα στένει
γῆθεν,
ὡς κυκλουμένων.
ΕΤΕΟΚΛΗΣ. Οὔκουν ἀρκεῖ ἐμὲ
βουλεύειν περὶ τῶνδε ;
ΧΟΡΟΣ. Δέδοικα,
ἀραγμὸς δὲ
ὀφέλλεται ἐν πύλαις.
ΕΤΕΟΚΛΗΣ.
Οὐ σῖγα ;
μηδὲν ἐρεῖς
τῶνδε κατὰ πτόλιν.
ΧΟΡΟΣ. Ὦ ξυντέλεια,
μὴ προδῷς πυργώματα.
ΕΤΕΟΚΛΗΣ. Ἐς φθόρον
οὐκ ἀνασχήσει τάδε
σιγῶσα ;
ΧΟΡΟΣ. Θεοὶ πολῖται,
μή με τυχεῖν
δουλείας.
ΕΤΕΟΚΛΗΣ. Σὺ αὐτὴ
δουλοῖς καὶ ἐμὲ
καὶ σὲ καὶ πόλιν.
ΧΟΡΟΣ. Ὦ Ζεῦ παγκρατὲς,
τρέψον βέλος
εἰς ἐχθρούς.
ΕΤΕΟΚΛΗΣ. Ὦ Ζεῦ,
οἷον γένος
γυναικῶν
ὤπασας!
ΧΟΡΟΣ. Μοχθηρὸν,
ὡς ἄνδρες,
ὧν πόλις
ἁλῷ.
ΕΤΕΟΚΛΗΣ. Παλινστομεῖς αὖ
θιγγάνουσα
ἀγαλμάτων.
ΧΟΡΟΣ. Φόβος γὰρ ἁρπάζει
γλῶσσαν
ἀψυχίᾳ.

LE CHOEUR. La ville gémit
du-fond-de-la-terre,
comme *de-gens*-l'investissant.
ÉTÉOCLE. Ne suffit-il-donc-pas moi
m'occuper de ces-choses-ci?
LE CHOEUR. Je crains,
mais le bruit
augmente aux portes.
ÉTÉOCLE.
Ne *resteras-tu pas* en-silence?
et *ne-peux-tu-pas*-ne-rien-dire
de-ces-*choses*-ci par la ville?
LE CHOEUR. O conseil *des dieux*,
ne trahis pas *nos* remparts.
ÉTÉOCLE. *Allant* à *ta* perte,
ne supporteras-tu pas cela
te taisant?
LE CHOEUR. Dieux de-la-ville,
faites-moi-ne-pas-rencontrer
l'esclavage.
ÉTÉOCLE. Toi-même
tu asservis et moi,
et toi, et la ville.
LE CHOEUR. O Jupiter tout-puissant,
tourne *ton* trait
contre les ennemis.
ÉTÉOCLE. O Jupiter,
quelle engeance
de femmes
nous as-tu-donnée *pour-compagne!*
LE CHOEUR. *Engeance* malheureuse,
comme *sont* les hommes
dont la ville
vient-à-être-prise.
ÉTÉOCLE. Tu murmures encore
en touchant
les statues *des dieux*.
LE CHOEUR. Car la crainte emporte
ma langue
par manque-de-cœur.

ΕΤΕΟΚΛΗΣ.

Αἰτουμένῳ μοι κοῦφον εἰ δοίης τέλος.

ΧΟΡΟΣ.

Λέγοις ἂν [1] ὡς τάχιστα, καὶ τάχ᾽ εἴσομαι.

ΕΤΕΟΚΛΗΣ.

Σίγησον, ὦ τάλαινα· μὴ φίλους φόβει.

ΧΟΡΟΣ.

Σιγῶ· ξὺν ἄλλοις πείσομαι τὸ μόρσιμον.

ΕΤΕΟΚΛΗΣ.

Τοῦτ᾽ ἀντ᾽ ἐκείνων τοὔπος αἱροῦμαι σέθεν.
Καὶ πρός γε τούτοις, ἐκτὸς οὖσ᾽ ἀγαλμάτων,
εὔχου τὰ κρείσσω, ξυμμάχους εἶναι θεούς·
κἀμῶν ἀκούσασ᾽ εὐγμάτων, ἔπειτα σὺ
ὀλολυγμὸν ἱερὸν εὐμενῆ παιάνισον,
Ἑλληνικὸν νόμισμα θυστάδος βοῆς,
θάρσος φίλοις, λύουσα πολέμιον φόβον.
Ἐγὼ δὲ χώρας τοῖς πολισσούχοις θεοῖς,
πεδιονόμοις τε, κἀγορᾶς ἐπισκόποις,
Δίρκης τε πηγαῖς, οὐδ᾽ ἀπ᾽ Ἰσμηνοῦ λέγω,
εὖ ξυντυχόντων [2], καὶ πόλεως σεσωσμένης,
μήλοισιν αἱμάσσοντας ἑστίας θεῶν,
ταυροκτονοῦντας [3] θεοῖσιν, ὧδ᾽ ἐπεύχομαι
θήσειν τρόπαια, πολεμίων δ᾽ ἐσθήματα,

ÉTÉOCLE. M'accorderez-vous une légère faveur?

LE CHOEUR. Parle, que nous sachions.

ÉTÉOCLE. Gardez le silence, malheureuses! n'effrayez pas nos guerriers.

LE CHOEUR. Je me tais; mon sort sera celui des Thébains.

ÉTÉOCLE. J'aime mieux ce langage. Cessez aussi d'embrasser ces statues, et demandez aux dieux, ce qui vaut mieux, leur assistance. Écoutez les vœux que je vais prononcer, et vous y répondrez ensuite par des hymnes propitiatoires, par ces chants sacrés, dont les Grecs ont coutume d'accompagner les sacrifices, encourageant ainsi nos soldats, et chassant de leurs cœurs la crainte de l'ennemi. Par les dieux donc de cette ville, par les dieux gardiens des champs et de la cité, par les sources de Dircé, sans oublier celles de l'Isménus, je jure que, si nous sommes vainqueurs, que si Thèbes est sauvée, nous rougirons leurs autels du sang des brebis et des taureaux, et que, dressant nos trophées dans leurs saintes demeures, nous leur consacrerons les armes et les dépouilles de l'ennemi terrassé. Unissez-vous à ces vœux sans

ΕΤΕΟΚΛΗΣ. Εἰ δοίης	ÉTÉOCLE. Si tu accordais
τέλος κοῦφον μοὶ αἰτουμένῳ.	une grâce facile à moi *te-la*-demandant!
ΧΟΡΟΣ. Λέγοις ἂν	LE CHOEUR. Tu peux parler
ὡς τάχιστα,	au-plus-vite,
καὶ τάχα εἴσομαι.	et vite je saurai *ce que tu veux.*
ΕΤΕΟΚΛΗΣ. Σίγησον, ὦ τάλαινα·	ÉTÉOCLE. Tais-toi, ô malheureuse!
μὴ φόβει φίλους.	n'effraie pas des amis.
ΧΟΡΟΣ. Σιγῶ· πείσομαι	LE CHOEUR. Je me tais; je subirai
ξὺν ἄλλοις τὸ μόρσιμον.	avec d'autres l'arrêt-du-destin.
ΕΤΕΟΚΛΗΣ. Αἱροῦμαι	ÉTÉOCLE. Je préfère
τοῦτο τὸ ἔπος σέθεν	cette parole-ci de toi
ἀντὶ ἐκείνων.	au lieu de celles-là d'*avant.*
Καί γε πρὸς τούτοις,	Et certes outre ces-choses,
οὖσα ἐκτὸς ἀγαλμάτων,	te-tenant loin de *ces* statues,
εὔχου τὰ κρείσσω,	demande ce-qui-vaut-mieux,
θεοὺς εἶναι ξυμμάχους·	les dieux être *nos* alliés :
καὶ ἀκούσασα ἐμῶν εὐγμάτων,	et ayant entendu mes prières,
σὺ ἔπειτα παιάνισον	toi ensuite entonne
ὀλολυγμὸν ἱερὸν εὐμενῆ,	un cantique saint favorable,
νόμισμα Ἑλληνικὸν βοῆς	mode grec des cris
θυστάδος,	qui-accompagnent-les-sacrifices,
θάρσος φίλοις,	encouragement aux amis,
λύουσα	*t'*affranchissant
φόβον πολέμιον.	de la crainte des-ennemis.
Ἐγὼ δὲ τοῖς θεοῖς	Quant-à-moi, aux dieux
πολισσούχοις χώρας,	protecteurs du pays,
πεδιονόμοις τε,	et habitants-de-*nos*-plaines,
καὶ ἐπισκόποις ἀγορᾶς,	et surveillants de la place-publique,
πηγαῖς τε Δίρκης,	et aux sources de Dircé,
οὐδὲ ἀπολέγω Ἰσμηνοῦ,	et je n'excepte pas *celle* d'Isménus,
ξυντυχόντων εὖ,	*nos affaires* allant bien,
καὶ πόλεως σεσωσμένης,	et la ville étant sauvée,
ἐπεύχομαι ὧδε,	je-fais-vœu ainsi,
αἱμάσσοντας μήλοισιν	*qu'*ensanglantant de brebis
ἑστίας θεῶν,	les foyers *des autels* des dieux,
ταυροκτονοῦντας θεοῖσιν	immolant-des-taureaux aux dieux,
θήσειν	*nous* placerons
ἁγνοῖς δόμοις	dans *leurs* saintes demeures
τρόπαια,	des trophées
ἐσθήματα δὲ πολεμίων,	et des vêtements d'ennemis,

λάφυρα δαΐων δουρίπληχθ' ἁγνοῖς δόμοις.
Τοιαῦτ' ἐπεύχου μὴ φιλοστόνως θεοῖς,
μηδ' ἐν ματαίοις κἀγρίοις ποιφύγμασιν·
οὐ γάρ τι μᾶλλον μὴ φύγῃς τὸ μόρσιμον.
Ἐγὼ δέ γ' [1] ἄνδρας ἕξ, ἐμοὶ ξὺν ἑβδόμῳ,
ἀντηρέτας ἐχθροῖσι τὸν μέγαν τρόπον
εἰς ἑπτατειχεῖς ἐξόδους τάξω μολὼν,
πρὶν ἀγγέλους σπερχνούς τε καὶ ταχυῤῥόθους
λόγους ἱκέσθαι, καὶ φλέγειν χρείας ὕπο.

ΧΟΡΟΣ.

(Στροφὴ α'.)

Μέλει, φόβῳ δ' οὐχ ὑπνώσσει κέαρ·
γείτονες δὲ καρδίας μέριμναι
ζωπυροῦσι τάρβος,
τὸν ἀμφιτειχῆ λεών·
δράκοντα δ' ὥς τις τέκνων
ὑπερδέδοικα [2] λεχέ-
ων δυσευνήτειρα [3]
πάντρομος πελειάς.
Τοὶ μὲν γὰρ ποτὶ πύργους
πανδημεὶ, πανομιλεὶ
στείχουσιν. Τί γένωμαι;
τοὶ δ' ἐπ' ἀμφιβόλοισιν
ἰάπτουσι πολίταις
χερμάδ' ὀκριόεσσαν.
Παντὶ τρόπῳ, Διογενεῖς
θεοὶ, πόλιν καὶ στρατὸν
Καδμογενῆ ῥύεσθε.

gémir, sans pousser des cris vains et sauvages, qui ne vous sauveraient pas du destin. Cependant je vais, moi septième, avec six guerriers, dignes adversaires de nos ennemis, pourvoir à la défense des sept portes, avant qu'un danger trop pressant nous apporte avis sur avis, nouvelles sur nouvelles.

LE CHOEUR. J'obéis, mais la crainte empêche mon cœur de se calmer. Toujours présente, l'idée de l'ennemi entourant nos remparts réveille la terreur dans mon âme. Ainsi la faible colombe, inquiète habitante d'un nid malheureux, craint le serpent pour ses petits. Toute une armée, tout un peuple marche contre nos murs. Que deviendrai-je? une grêle de pierres tombe de toutes parts sur nos soldats. O dieux, enfants de Jupiter, par tous les moyens sauvez la ville et le peuple de Cadmus!

λάφυρα δαΐων	dépouilles d'adversaires
δουρύπληκτα.	prises-par-la-lance.
Ἐπεύχου τοιαῦτα θεοῖς	Fais-de telles-prières aux dieux
μὴ φιλοστόνως,	sans-excès-de-gémissements,
μηδὲ ἐν ποιφύγμασιν	et sans lamentations
ματαίοις καὶ ἀγρίοις·	vaines et sauvages :
οὐ γὰρ	car *il n'est pas que*
φύγῃς τι μᾶλλον	tu évites davantage
τὸ μόρσιμον.	l'arrêt-du-destin.
Ἐγὼ δέ γε μολὼν	Pour-moi certes étant allé
εἰς ἐξόδους ἑπτατειχεῖς	aux sept-issues-des-murs,
τάξω ἓξ ἄνδρας,	je placerai six hommes,
ξὺν ἐμοὶ ἑβδόμῳ,	avec moi septième,
ἀντηρέτας ἐχθροῖσι	pour adversaires aux ennemis
τὸν μέγαν τρόπον,	de la grande manière,
πρὶν ἀγγέλους τε σπερχνοὺς	avant que des nouvelles rapides
καὶ λόγους ταχυῤῥόθους	et des rumeurs circulant-vite
ἱκέσθαι, καὶ φλέγειν	*n*'arrivent, et *ne* prennent-feu
ὑπὸ χρείας.	par la nécessité.
ΧΟΡΟΣ.	LE CHOEUR.
Μέλει,	*Tes paroles me*-sont-à-soin,
φόβῳ δὲ κέαρ οὐχ ὑπνώσσει	mais *mon* cœur ne-s'assoupit-point ;
μέριμναι δὲ γείτονες καρδίας	et les peines habitantes de l'âme
ζωπυροῦσι τάρβος,	ravivent *ma* terreur,
τὸν λεὼν	*dont la cause est* le peuple
ἀμφιτειχῆ·	qui-entoure-*nos*-murs :
δέδοικα δὲ,	et je redoute l'*ennemi pour la ville*,
ὡς ὑπὲρ τέκνων τὶς πελειὰς	comme pour *ses* petits une colombe
δυσευνήτειρα λεχέων	mal couchée dans-sa-couche,
πάντρομος δράκοντα.	toute-tremblante *redoute* un serpent.
Τοὶ μὲν γὰρ στείχουσιν	Car ils s'avancent
ποτὶ πύργους	vers les tours
πανδημεὶ, πανομιλεί.	en-masse, tous ensemble.
Τί γένωμαι ;	Que vais-je devenir ?
Τοὶ δὲ ἰάπτουσιν	Puis ils lancent
ἐπὶ πολίταις ἀμφιβόλοισιν	sur les citoyens atteints-de-tous-côtés
ὀκριόεσσαν χερμάδα.	une rude grêle-de-pierres.
Παντὶ τρόπῳ,	Par tout moyen,
θεοὶ Διογενεῖς, ῥύεσθε πόλιν	dieux issus-de-Jupiter, sauvez la ville
καὶ στρατὸν Καδμογενῆ.	et l'armée qui-descend-de-Cadmus.

(Ἀντιστροφὴ α'.)

Ποῖον δ' ἀμείψεσθε γαίας πέδον
τᾶσδ' ἄρειον; ἐχθροῖς ἀφέντες
τὰν βαθύχθον' αἶαν,
ὕδωρ τε Διρκαῖον εὐ-
τραφέστατον πωμάτων,
ὅσων ἵησι Ποσει-
δᾶν ὁ γαιάοχος,
Τηθύος [1] τε παῖδες.
Πρὸς τάδ', ὦ πολιοῦχοι
θεοὶ, τοῖσι μὲν ἔξω
πύργων ἀνδρολέτειραν
καὶ τὰν ῥίψοπλον ἄταν
ἐμβαλόντες, ἄροισθε
κῦδος τοῖσδε πολίταις,
καὶ πόλεως ῥύτορες
εὔεδροί τε στάθητ'
ὀξυγόοις λιταῖσιν.

(Στροφὴ β'.)

Οἰκτρὸν γὰρ, πόλιν ὧδ' ὠγυγίαν
Ἀΐδᾳ προϊάψαι, δορὸς ἄγραν
δουλίαν, ψαφαρᾷ σποδῷ,
ὑπ' ἀνδρὸς Ἀχαιοῦ θεόθεν
περθομέναν ἀτίμως,
τὰς δὲ κεχειρωμένας ἄγεσθαι
(Ἒ ἒ ἔ!) νέας τε καὶ παλαιὰς
ἱππηδὸν πλοκάμων,
περιῤῥηγνυμένων [2] φαρέων.

Quelle contrée meilleure irez-vous habiter, si vous livrez à l'ennemi cette terre fertile et les eaux de Dircé, Dircé, la plus salubre des sources qu'épanchent sur le sol et le dieu qui entoure la terre et les enfants de Téthys? Dieux tutélaires de cette ville! envoyez hors de ces murs, à ceux qui les assiégent, l'effroi qui fait jeter les armes, l'effroi qui tue les hommes; prenez en main l'honneur de ce peuple, et sauveurs de cette cité, restez ici à jamais fixés dans vos temples, au gré de nos plaintives prières.

Affreux spectacle, s'il faut voir cette ville antique descendre au tombeau! s'il faut la voir esclave, proie de la lance, réduite en cendres, honteusement abandonnée par les dieux aux ravages de l'Achéen! Et les femmes, hélas! hélas! jeunes et vieilles, entraînées

Ποῖον δὲ πέδον	Mais quel sol
ἄρειον τᾶσδε γᾶς	meilleur que-cette-terre-ci
ἀμείψετε ;	prendrez-vous-en-échange ?
ἀφέντες ἐχθροῖς	ayant abandonné aux ennemis
τὰν αἶαν βαθύχθονα,	*cette* terre au-sein-profond,
ὕδωρ τε Διρκαῖον	et l'eau de-Dircé,
εὐτραφέστατον	la-plus-nourrissante
πωμάτων,	des boissons,
ὅσων ἵησι	*toutes-celles* que verse
Ποσειδᾶν	Neptune
ὁ γαιάοχος,	qui-enveloppe-la-terre,
παῖδές τε Τηθύος.	et *que versent* les fils de Téthys.
Πρὸς τάδε,	Sur ce *à mes prières*,
ὦ θεοὶ πολιοῦχοι,	ô dieux gardiens de la ville,
ἐμβαλόντες μὲν	ayant envoyé
τοῖσιν ἔξω πύργων	à ceux d'en-dehors des tours
τὰν ἄταν	le mal
ἀνδρολέτειραν	qui-tue-les-hommes
καὶ ῥίψοπλον,	et qui-fait-jeter-les-armes,
ἄροισθε κῦδος	procurez de la gloire
τοῖσδε πολίταις,	à ces citoyens-ci,
καὶ στάθητε	et maintenez-vous
ῥύτορες πόλεως	sauveurs de la ville
εὔεδροί τε	et bien-établis-dans-vos-temples
λιταῖσιν ὀξυγόοις.	*par suite de nos* prières gémissantes.
Οἰκτρὸν γάρ,	Car *ce serait* digne-de-pitié
προϊάψαι Ἀΐδᾳ	de précipiter chez Pluton
πόλιν ὧδε ὠγυγίαν,	une ville ainsi ancienne,
ἄγραν δουλίαν δορός,	proie esclave de la lance,
σποδῷ ψαφαρᾷ,	*réduite* en cendre légère,
περθομέναν ἀτίμως	saccagée outrageusement
ὑπὸ ἀνδρὸς Ἀχαιοῦ	par un homme achéen
θεόθεν,	avec-la-volonté-des-dieux,
τὰς δὲ νέας τε καὶ παλαιὰς	et *aussi* jeunes et vieilles
(Ἒ ἒ ἔ!)	(hélas! hélas! hélas!)
ἄγεσθαι κεχειρωμένας	être-emmenées captives
πλοκάμων	par les boucles-de-*leurs*-cheveux,
ἱππηδόν,	à-la-manière-des chevaux
φαρέων	*leurs* voiles
περιῤῥηγνυμένων.	étant mis-en-lambeaux.

Βοᾷ δ' ἐκκενουμένα πόλις,
λαΐδος ὀλλυμένας μιξοθρόου.
Βαρείας τοι τύχας προταρβῶ.

(Ἀντιστροφὴ β'.)

Κλαυτὸν δ' ἀρτιτρόποις, ὠμοδρόπων
νομίμων προπάροιθεν, διαμεῖψαι[1]
δωμάτων στυγερὰν ὁδόν.
Τί; τὸν φθίμενον γὰρ προλέγω
βέλτερα τῶνδε πράσσειν.
Πολλὰ γὰρ εὖτ' ἂν πόλις δαμασθῇ,
(ἒ ἒ ἔ!) δυστυχῆ τε πράσσει·
ἄλλος δ' ἄλλον ἄγει,
φονεύει, τὰ δὲ καὶ πυρφορεῖ·
καπνῷ χραίνεται πόλισμ' ἅπαν.
Μαινόμενος δ' ἐπιπνεῖ λαοδάμας
μιαίνων εὐσέβειαν Ἄρης.

(Στροφὴ γ'.)

Κορκορυγαὶ δ' ἀν' ἄστυ,
ποτὶ πτόλιν δ' ὀρκάνα πυργῶτις.
Πρὸς ἀνδρὸς δ' ἀνὴρ δορὶ καίνεται·
βλαχαὶ δ' αἱματόεσσαι
τῶν ἐπιμαστιδίων
ἀρτιβρεφεῖς βρεμόνται·
ἁρπαγαὶ δὲ διαδρομᾶν ὁμαίμονες
Ξυμβολεῖ φέρων φέροντι,
καὶ κενὸς κενὸν καλεῖ,

comme des troupeaux, liées par les cheveux, et leurs voiles arrachés! La ville alors est un désert, d'où s'élèvent les cris confus des captifs qu'on égorge.

Triste sort pour des vierges, tendres fleurs à peine écloses, de se voir, avant l'hymen qui a le droit de les cueillir, transplantées par une main odieuse dans un sol étranger! Ah! mourir, oui, mourir auparavant est cent fois préférable. Car ils sont infinis, hélas! les maux qu'éprouve une ville conquise; partout c'est l'esclavage, ou le meurtre, ou l'incendie; la fumée la couvre tout entière; le destructeur des peuples, Mars y souffle la rage, et souille toute piété.

Dans la ville, un sourd frémissement; autour de la ville, une enceinte de tours... L'homme est massacré par l'homme; l'enfant qui vient de naître, expire en poussant des cris inarticulés sur le sein qui le nourrit et qu'il tache de son sang; puis des courses en tous sens, courses compagnes du pillage; on se rencontre, les uns chargés de dépouilles, les autres, les mains vides; on s'appelle, chacun veut sa

Πόλις δὲ ἐκκενουμένα	Puis la ville se-vidant
βοᾷ, λαΐδος	crie, le butin (*les captifs*)
ὀλλυμένας μιξοθρόου.	périssant au-milieu-de-cris-confus.
Τοὶ προταρβῶ	Certes je redoute-à-l'avance
βαρείας τύχας.	de funestes chances-du-sort.
Κλαυτὸν δὲ	Et *il serait* digne-de-larmes
ἀρτιτρόποις,	pour des *vierges* à-peine-formées,
διαμεῖψαι	de prendre en-échange
δωμάτων	de-*leurs*-demeures
στυγερὰν ὁδὸν,	une odieuse route ,
προπάροιθεν νομίμων	avant l'*hymen*-légitime
ὠμοδρόπων.	qui-cueille-les-fruits-encore-verts.
Τί; προλέγω γὰρ	Quoi ! je soutiens en-effet
τὸν φθίμενον	celui-qui-est-mort
πράσσειν βέλτερα	être-plus-heureux
τῶνδε.	que-ceux *dont je viens de parler*.
Εὖτε γὰρ πόλις	Car lorsque une ville
ἂν δαμασθῇ,	vient-à-être-conquise ,
(ἒ ἒ ἒ !) πράσσει	(hélas ! hélas ! hélas !) *elle* éprouve
πολλὰ δυστυχῆ τε·	des *maux* nombreux et terribles ;
ἄλλος δὲ ἄγει ἄλλον,	l'un entraîne l'autre,
φονεύει, τὰ δὲ καὶ	*l'*égorge, et d'un-autre-côté aussi
πυρφορεῖ· πόλισμα ἅπαν	met le feu : la ville entière
χραίνεται καπνῷ.	est souillée de fumée.
Ἄρης δὲ λαοδάμας	Puis Mars qui-dompte-les-peuples,
μιαίνων εὐσέβειαν	souillant la piété
ἐπιπνεῖ μαινόμενος.	souffle furieux.
Κορκορυγαὶ δὲ	Et des grondements
ἀνὰ ἄστυ,	*montent* dans la ville,
ποτὶ πτόλιν δὲ	et vers ses-remparts *s'élève*
ὀρκάνα πυργῶτις.	une enceinte-de-tours *ennemies*.
Ἀνὴρ δὲ καίνεται	Puis l'homme est tué
πρὸς ἀνδρὸς δορί·	par l'homme avec la lance ;
βλαχαὶ δὲ αἱματόεσσαι	et des vagissements sanglants
ἀρτιβρεφεῖς ἐπιμαστιδίων	nouveau-nés d'enfants-à-la-mamelle
βρέμονται· ἁρπαγαὶ δὲ	frémissent ; et des rapines
ὁμαίμονες διαδρομᾶν.	sœurs de courses-errantes *ont lieu*.
Φέρων	Celui-qui-porte
ξυμβολεῖ φέροντι,	rencontre celui-qui-porte,
καὶ κενὸς καλεῖ κενὸν,	et qui-n'a-rien appelle qui-n'a-rien,

ξύννομον θέλων ἔχειν,
οὔτε μεῖον, οὔτ' ἴσον λελιμμένοι.
Τίν' ἐκ τῶνδ' εἰκάσαι λόγος πάρα;

(Ἀντιστροφὴ γ')

Παντοδαπὸς δὲ καρπὸς
χαμάδις πεσὼν ἀλγύνει κυρήσας.
Πικρὸν δ' ὄμμα τῶν θαλαμηπόλων
πολλὰ δ' ἀκριτόφυρτος
γᾶς δόσις οὐτιδανοῖς
ἐν ῥοθίοις φορεῖται.
Δμωΐδες δὲ καινοπήμονες νέαι,
τλήμον'[1] εὐνὰν αἰχμάλωτον
ἀνδρὸς εὐτυχοῦντος, ὡς
δυσμενοῦς ὑπερτέρου.
Ἐλπίς ἐστι νύκτερον τέλος μολεῖν,
παγκλαύτων ἀλγέων ἐπίρροθον.

ΗΜΙΧΟΡΙΟΝ α.

Ὁ τοι κατόπτης, ὡς ἐμοὶ δοκεῖ, στρατοῦ
πευθώ τιν' ἡμῖν, ὦ φίλαι, νέαν φέρει,
σπουδῇ διώκων πομπίμους χνόας ποδῶν.

ΗΜΙΧΟΡΙΟΝ β.

Καὶ μὴν ἄναξ ὅδ' αὐτὸς Οἰδίπου τόκος
εἰσ' ἀρτίκολλον ἀγγέλου λόγον μαθεῖν·
σπουδὴ δὲ καὶ τοῦδ' οὐ καταρτίζει[2] πόδα.

ΑΓΓΕΛΟΣ.

Λέγοιμ' ἂν, εἰδὼς εὖ, τὰ τῶν ἐναντίων,
ὡς τ' ἐν πύλαις ἕκαστος εἴληχεν πάλον.

part de butin, et chacun la veut plus forte que les autres. A quoi faut-il donc s'attendre après ces tristes scènes?

On voit avec douleur les rues jonchées de fruits de toute espèce...; aux yeux attristés des ménagères, tous les dons de la terre roulent pêle-mêle dans la fange. De jeunes filles, qu'un autre sort attendait, se voient tout à coup forcées de partager comme esclaves la couche d'un vainqueur heureux, d'un ennemi triomphant. Ah! que la nuit de la mort me préserve de ces maux déplorables!

PREMIER DEMI-CHOEUR. Amies, si je ne me trompe, l'espion nous apporte des nouvelles de l'armée; il se hâte et précipite ses pas.

SECOND DEMI-CHOEUR. Voici de son côté le roi lui-même, le fils d'OEdipe, qui vient entendre le nouveau rapport de l'envoyé, et sa marche n'est pas moins précipitée.

L'ENVOYÉ. Je peux te faire un rapport fidèle sur les dispositions des ennemis et te dire ce que le sort a décidé pour l'attaque des por-

θέλων ἔχειν ξύννομον,	voulant avoir un compagnon,
λελιμμένοι	désirant *tous*
οὔτε μεῖον, οὔτε ἴσον.	ni moindre, ni égale *part*.
Τίνα ἐκ τῶνδε	Quelles-choses d'après celles-ci
λόγος πάρα εἰκάσαι;	raison est-il de conjecturer?
Καρπὸς δὲ παντοδαπὸς	Puis des fruits de-toute-sorte
πεσὼν χαμάδις	tombés à terre
ἀλγύνει κυρήσας.	affligent s'étant rencontrés.
Ὄμμα δὲ τῶν θαλαμηπόλων	Et le regard des ménagères
πικρόν· δόσις δὲ γᾶς	*est* amer : car les dons de la terre
πολλὰ ἀκριτόφυρτος	nombreux entassés-confusément
φορεῖται	sont emportés
ἐν ῥοθίοις οὐτιδανοῖς.	dans des vagues-bruyantes inutiles.
Δμωΐδες δὲ νέαι	Puis des servantes jeunes,
καινοπήμονες	nouvellement-malheureuses,
εὐνὰν τλήμονα αἰχμάλωτον	*subissent* la couche infortunée captive
ἀνδρὸς εὐτυχοῦντος,	d'un homme favorisé-de-la-fortune,
ὡς δυσμενοῦς ὑπερτέρου.	comme d'un ennemi plus fort.
Ἐλπίς ἐστι	L'espoir est *à moi*
τέλος νύκτερον μολεῖν,	*que* la fin nocturne viendra,
ἐπίρροθον ἀλγέων	préservatrice de douleurs
παγκλαύτων.	dignes-de-toutes-les-larmes.
ΗΜΙΧΟΡΙΟΝ α'. Ὁ κατόπτης τοι,	DEMI-CHOEUR Ier. L'espion certes,
ὡς δοκεῖ ἐμοί,	comme il semble à moi,
ὦ φίλαι, φέρει ἡμῖν	ô amies, apporte à nous
τινὰ πευθὼ νέαν στρατοῦ,	quelque nouvelle récente de l'armée,
διώκων σπουδῇ	poussant avec zèle
χνόας πομπίμους ποδῶν.	les moyeux conducteurs de *ses* pieds.
ΗΜΙΧΟΡΙΟΝ β'. Καὶ μὴν	DEMI-CHOEUR 2e. Et certes
ὅδε ἄναξ αὐτὸς τόκος Οἰδίπου	ce prince-ci lui-même fils d'OEdipe
εἶσι μαθεῖν	vient apprendre
λόγον ἀρτίκολλον ἀγγέλου·	le rapport nouveau de l'envoyé :
σπουδὴ δὲ οὐ καταρτίζει	et le zèle n'arrange-pas
πόδα καὶ τοῦδε.	le pied aussi de celui-ci.
ΑΓΓΕΛΟΣ. Λέγοιμι ἄν,	L'ENVOYÉ. Je dirai,
εἰδὼς εὖ, τὰ τῶν ἐναντίων,	sachant bien, les choses des ennemis,
ὥς τε ἕκαστος	et comme chacun d'*eux*
εἴληχε πάλον ἐν πύλαις.	a obtenu le jet *du-sort* aux portes.

Τυδεὺς[1] μὲν ἤδη πρὸς πύλαισι Προιτίσι[2]
βρέμει, πόρον δ' Ἰσμηνὸν οὐκ ἐᾷ περᾶν
ὁ μάντις[3]· οὐ γὰρ σφάγια γίγνεται καλά.
Τυδεὺς δὲ μαργῶν, καὶ μάχης λελιμμένος,
μεσημβριναῖς κλαγγαῖσιν ὡς δράκων, βοᾷ·
θείνει δ' ὀνείδει μάντιν Οἰκλείδην σοφὸν,
σαίνειν μόρον τε καὶ μάχην ἀψυχίᾳ·
τοιαῦτ' ἀΰτῶν, τρεῖς κατασκίους λόφους
σείει, κράνους χαίτωμ', ὑπ' ἀσπίδος δὲ τῷ
χαλκήλατοι κλάζουσι κώδωνες φόβον·
ἔχει δ' ὑπέρφρον σῆμ' ἐπ' ἀσπίδος τόδε,
φλέγονθ' ὑπ' ἄστροις οὐρανὸν τετυγμένον·
λαμπρὰ δὲ πανσέληνος ἐν μέσῳ σάκει,
πρέσβιστον ἄστρων, νυκτὸς ὀφθαλμὸς, πρέπει.
Τοιαῦτ' ἀλύων ταῖς ὑπερκόμποις σάγαις,
βοᾷ παρ' ὄχθαις ποταμίαις· μάχης δ' ἐρῶν[4]
ἵππος, χαλινῶν ὣς κατασθμαίνων, μένει,
ὅστις βοὴν σάλπιγγος ὁρμαίνει κλύων.
Τίν' ἀντιτάξεις τῷδε; τίς Προίτου πυλῶν,
κλῄθρων λυθέντων, προστατεῖν φερέγγυος;

ΕΤΕΟΚΛΗΣ.

Κόσμον μὲν ἀνδρὸς οὔτιν' ἂν τρέσαιμ' ἐγὼ,

tes. Déjà Tydée se tient tout frémissant à la porte de Prœtus ; mais le devin lui défend encore de passer l'Isménus, car les auspices ne sont pas favorables. Furieux et brûlant de combattre, pareil au dragon qui siffle aux ardeurs de midi, Tydée insulte à grands cris au sage fils d'Oïclée, l'accusant de reculer par lâcheté devant le combat et la mort. Il secoue, en criant, trois aigrettes touffues qui flottent sur son casque, tandis que cent globes d'airain qui bordent son bouclier sonnent l'épouvante. Sur ce bouclier il porte un emblème fastueux : le ciel ciselé, tout resplendissant d'étoiles; au milieu brille l'œil de la nuit, la reine des astres, la lune dans tout son éclat. C'est ainsi que, fier de son armure, il crie et s'agite sur la rive de l'Isménus, appelant le combat. Tel un coursier fougueux, couvrant son frein d'écume, attend, prêt à s'élancer, le signal de la trompette. Quel guerrier lui opposeras-tu? Qui, dans l'assaut qu'il va donner, sera capable de lui résister?

ÉTÉOCLE. Aucune parure guerrière ne saurait m'effrayer; des

Τυδεὺς μὲν ἤδη βρέμει	Tydée d'abord déjà frémit
πρὸς πύλαισι Προιτίσιν,	vers les portes Prétides,
ὁ δὲ μάντις οὐκ ἐᾷ	mais le devin ne *le* laisse pas
περᾶν πόρον Ἰσμηνόν·	traverser le passage Isménus :
σφάγια γὰρ οὐ γίγνεται καλά.	car les victimes ne sont pas belles.
Τυδεὺς δὲ μαργῶν	Or Tydée furieux,
καὶ λελιμμένος μάχης,	et désirant-ardemment le combat,
βοᾷ, ὡς δράκων	crie, comme un dragon
κλαγγαῖσιν μεσημβριναῖς·	avec des sifflements de-midi :
θείνει δὲ ὀνείδει	et il pique de reproches
μάντιν σοφὸν Οἰκλείδην,	le devin sage fils-d'-Oïclée,
σαίνειν ἀψυχίᾳ	l'*accusant* de flatter par pusillanimité
μόρον τε καὶ μάχην·	et le destin et le combat :
ἀϋτῶν τοιαῦτα, σείει	criant de-telles-*injures*, il agite
λόφους κατασκίους,	des aigrettes qui-donnent-de-l'ombre,
χαίτωμα κράνους,	crinière de *son* casque,
ὑπὸ δὲ ἀσπίδος τῷ	et sous le bouclier à lui
κώδωνες χαλκήλατοι	des sonnettes faites-d'airain
κλάζουσι φόβον·	sonnent l'épouvante :
ἔχει δὲ ἐπὶ ἀσπίδος	et il a sur *son* bouclier
σῆμα τόδε ὑπέρφρον,	cet-emblème-ci insolent,
οὐρανὸν τετυγμένον	un ciel travaillé
φλέγοντα ὑπὸ ἄστροις·	brûlant d'astres ;
ἐν μέσῳ δὲ σάκει	et au milieu du bouclier
πανσέληνος λαμπρά,	la *lune* pleine-lune éclatante,
πρέσβιστον ἄστρων,	le-plus-auguste des astres,
ὀφθαλμὸς νυκτός, πρέπει.	l'œil de la nuit, brille.
Ἀλύων τοιαῦτα	S'agitant d'une-telle-manière
σάγαις ὑπερκόμποις,	avec *cette* armure trop-insolente,
βοᾷ παρὰ ὄχθαις ποταμίαις·	il crie près des rives du-fleuve :
μένει δέ, ἵππος ἐρῶν μάχης,	et attend, cheval désireux du combat,
ὡς κατασθμαίνων χαλινῶν.	comme soufflant sur *son* frein,
ὅστις ὁρμαίνοι	lequel *cheval* s'élancerait
κλύων βοὴν σάλπιγγος.	entendant le son de la trompette.
Τίνα ἀντιτάξεις τῷδε ;	Qui opposeras-tu à celui-ci ?
τίς φερέγγυος	qui *sera* capable
προστατεῖν πυλῶν Προίτου,	de défendre les portes de Prétus,
κλῄθρων λυθέντων ;	les barrières ayant-été-brisées ?
ΕΤΕΟΚΛΗΣ. Ἐγὼ μὲν τρέσαιμι ἂν	ÉTÉOCLE. Moi, je *ne* saurais-craindre
οὔτινα κόσμον ἀνδρός,	aucune parure d'homme,

οὐδ' ἑλκοποιὰ γίγνεται τὰ σήματα·
λόφοι δὲ κώδων τ' οὐ δάκνουσ' ἄνευ δορός.
Καὶ νύκτα ταύτην ἣν λέγεις ἐπ' ἀσπίδος
ἄστροισι μαρμαίρουσαν οὐρανοῦ κυρεῖν,
τάχ' ἂν γένοιτο μάντις ἡ ἀνοία τινί.
Εἰ γὰρ θανόντι νὺξ ἐπ' ὀφθαλμοῖς πέσοι,
τῷ τοι φέροντι σῆμ' ὑπέρκομπον τόδε,
γένοιτ' ἂν ὀρθῶς ἐνδίκως τ' ἐπώνυμον,
καὐτὸς καθ' αὑτοῦ τήνδ' ὕβριν μαντεύσεται.
Ἐγὼ δὲ Τυδεῖ κεδνὸν Ἀστακοῦ τόκον
τόνδ' ἀντιτάξω προστάτην πυλωμάτων,
μάλ' εὐγενῆ τε, καὶ τὸν αἰσχύνης θρόνον
τιμῶντα, καὶ στυγοῦνθ' ὑπέρφρονας λόγους
Αἰσχρῶν γὰρ ἀργὸς, μὴ κακὸς δ' εἶναι φιλεῖ.
Σπαρτῶν δ' ἀπ' ἀνδρῶν [1], ὧν Ἄρης ἐφείσατο,
ῥίζωμ' ἀνεῖται, κάρτα δ' ἔστ' ἐγχώριος,
Μελάνιππος. Ἔργον δ' ἐν κύβοις Ἄρης κρινεῖ.
Δίκη δ' ὁμαίμων κάρτα νιν προστέλλεται
εἴργειν τεκούσῃ μητρὶ πολέμιον δόρυ.

ΧΟΡΟΣ.

(Στροφὴ α').

Τὸν ἁμόν νυν ἀντίπαλον εὐτυχεῖν

emblèmes, tout insolents qu'ils sont, ne blessent pas; des aigrettes, des globes sonores ne tuent point sans la lance. Cette nuit, ce ciel resplendissant d'étoiles qu'il porte, dis-tu, sur son bouclier, ne sont peut-être que le présage du sort d'un insensé. Si l'ombre de la mort couvre aujourd'hui les yeux de celui qui porte ce fastueux emblème, la nuit se trouvera avoir été sa juste et véritable devise, et lui-même se sera présagé son opprobre. Quant à moi, aux portes de Prœtus, j'oppose à Tydée le vaillant fils d'Astacus, guerrier généreux, qui respecte le trône de l'honneur, et abhorre les discours présomptueux; ne craignant que la honte, il ne sait ce que c'est qu'être lâche. Rejeton de ces enfants de la terre, qu'épargna Mars, véritable Thébain, c'est Mélanippe. Mars décidera du succès; mais pour défendre du fer ennemi la terre dont il est sorti, c'est Mélanippe entre tous que le droit du sang a désigné.

LE CHOEUR. Puissent les dieux favoriser le guerrier que la justice

οὐδὲ τὰ σήματα γίγνεται	ni les emblèmes ne-sont
ἑλκοποιά ·	faisant-des-blessures ;
λόφοι δὲ κώδων τε	puis aigrettes et sonnettes
οὐ δάκνουσιν ἄνευ δορός.	ne mordent-pas sans lance.
Καὶ ταύτην νύκτα ἣν λέγεις	Et cette nuit laquelle tu dis
κυρεῖν μαρμαίρουσαν	se trouver rayonnante
ἄστροισιν οὐρανοῦ ἐπὶ ἀσπίδος,	d'astres du ciel sur le bouclier,
τάχα ἡ ἄνοια	peut-être cette folie
γένοιτο ἂν μάντις τινί.	serait-elle prophétesse pour quelqu'un.
Εἰ γὰρ νὺξ πέσοι	Car si la nuit tombait
ἐπὶ ὀφθαλμοῖς θανόντι,	sur les yeux à-lui-mort,
τῷ τοι φέροντι	à-lui-certes-qui-porte
σῆμα τόδε ὑπέρκομπον,	cet-emblème-ci trop-insolent,
γένοιτο ἂν ἐπώνυμον	il deviendrait méritant-son-nom
ὀρθῶς ἐνδίκως τε,	bien et justement,
καὶ αὐτὸς μαντεύσεται	et lui-même (*Tydée*) aura prophétisé
τήνδε ὕβριν κατὰ αὐτοῦ.	cette injure-ci contre lui-même.
Ἐγὼ δὲ ἀντιτάξω Τυδεῖ	Mais moi j'opposerai à Tydée
τόνδε προστάτην πυλωμάτων	ce défenseur-ci de *nos*-portes
τόκον κεδνὸν Ἀστακοῦ,	*le* fils prudent d'Astacus,
μάλα εὐγενῆ τε, καὶ τιμῶντα	et très-noble, et honorant
τὸν θρόνον αἰσχύνης,	le trône de la pudeur,
καὶ στυγοῦντα	et haïssant
λόγους ὑπέρφρονας.	les discours insolents.
Ἀργὸς γὰρ	Car *il est* incapable
αἰσχρῶν,	de-choses-honteuses,
μὴ φιλεῖ δὲ εἶναι κακός.	et il n'a-pas-coutume d'être lâche.
Ἀνεῖται δὲ ῥίζωμα	Puis il remonte par-*son*-origine
ἀπὸ ἀνδρῶν σπαρτῶν,	aux hommes semés *par Cadmus*,
ὧν Ἄρης ἐφείσατο,	lesquels Mars épargna,
ἔστι δὲ κάρτα ἐγχώριος,	et il est certainement indigène,
Μελάνιππος. Ἄρης δὲ	*c'est* Mélanippe. Mais Mars
κρινεῖ ἔργον ἐν κύβοις.	décidera l'affaire avec les dés.
Δίκη δὲ ὁμαίμων	Mais le droit de-consanguinité
προστέλλεταί νιν κάρτα	envoie lui certainement
εἴργειν δόρυ πολέμιον	*pour* repousser la lance ennemie
μητρὶ τεκούσῃ.	de la mère qui *l'*a-enfanté.
ΧΟΡΟΣ. Θεοὶ	LE CHOEUR. Que les dieux
δοῖέν νυν	accordent certes
τὸν ἀμὸν ἀντίπαλον εὐτυχεῖν,	notre champion réussir,

θεοὶ δοῖεν, ὡς δικαίως πόλεως
πρόμαχος ὄρνυται· τρέμω δ' αἱματη-
φόρους μόρους ὑπὲρ φίλων
ὀλομένων ἰδέσθαι.

ΑΓΓΕΛΟΣ.

Τούτῳ μὲν οὕτως εὐτυχεῖν δοῖεν θεοί·
Καπανεὺς [1] δ' ἐπ' Ἠλέκτραισιν [2] εἴληχεν πύλαις·
γίγας ὅδ' ἄλλος, τοῦ πάρος λελεγμένου
μείζων, ὁ κόμπος δ' οὐ κατ' ἄνθρωπον φρονεῖ,
πύργοις δ' ἀπειλεῖ δείν', ἃ μὴ κράνοι Τύχη·
θεοῦ τε γὰρ θέλοντος ἐκπέρσειν πόλιν,
καὶ μὴ θέλοντος, φησὶν, οὐδὲ τὴν Διὸς
ἔριν πέδῳ σκήψασαν ἐκποδὼν σχέθειν.
Τὰς δ' ἀστραπάς τε καὶ κεραυνίους βολὰς
μεσημβρινοῖσι θάλπεσιν προσείκασεν.
Ἔχει δὲ σῆμα, γυμνὸν ἄνδρα πυρφόρον,
φλέγει δὲ λαμπὰς διὰ χερῶν ὡπλισμένη·
χρυσοῖς δὲ φωνεῖ γράμμασιν, ΠΡΗΣΩ ΠΟΛΙΝ.
Τοιῷδε φωτὶ πέμπε — Τίς ξυστήσεται;
τίς ἄνδρα κομπάζοντα μὴ τρέσας μενεῖ·

ΕΤΕΟΚΛΗΣ.

Καὶ τῷδε κέρδει [3] κέρδος ἄλλο τίκτεται.
Τῶν τοι ματαίων ἀνδράσιν φρονημάτων
ἡ γλῶσσ' ἀληθὴς γίγνεται κατήγορος.
Καπανεὺς δ' ἀπειλεῖ [4], δρᾷν παρεσκευασμένος,

arme pour cette ville! Mais que je crains de voir succomber nos fidèles défenseurs!

L'ENVOYÉ. Puissent en effet les dieux lui donner la victoire! La porte d'Électre est échue à Capanée. Plus terrible que Tydée, celui-ci est un géant; son audace n'est pas d'un mortel; et puisse la fortune détourner l'effet des menaces qu'il fait à nos tours! Que les dieux le veuillent ou non, il jure qu'il renversera cette ville; le trait même de Jupiter, lancé sur le sol qu'il foule, ne saurait l'arrêter; les éclairs, les coups de la foudre, ne sont pour lui que les vaines ardeurs du midi. Son emblème est un homme nu portant un flambeau allumé; et sa devise, en lettres d'or: *Je brûlerai la ville.* Contre un tel guerrier envoie..... Mais qui osera lui tenir tête? qui soutiendra sans trembler le choc d'un ennemi si insolent?

ÉTÉOCLE. Cet adversaire est déjà trouvé, et ce n'est pas notre seul avantage. La vaine présomption de l'homme se trahit par ses discours. Capanée menace, et prêt à tout oser, méprisant les dieux,

ὡς δικαίως ὄρνυται	comme justement il s'élance
πρόμαχος πόλεως·	défenseur de la ville!
τρέμω δὲ ὑπὲρ φίλων ὀλομένων	Mais je tremble pour-des-amis morts
ἰδέσθαι μόρους αἱματηφόρους.	de voir *leurs* destins sanglants.
ΑΓΓΕΛΟΣ. Θεοὶ μὲν δοῖεν	L'ENVOYÉ. Que les dieux accordent
τούτῳ εὐτυχεῖν οὕτως·	à celui-ci de réussir ainsi!
Καπανεὺς δὲ εἴληχεν	Mais Capanée a-été-placé-par-le-sort
ἐπὶ πύλαις Ἠλέκτραισιν·	aux portes d'Électre :
ὅδε ἄλλος γίγας,	cet autre *est* un géant,
μείζων τοῦ λελεγμένου πάρος,	plus grand que-celui dit auparavant,
ὁ κόμπος δὲ οὐ φρονεῖ	et *sa* jactance ne raisonne pas
κατὰ ἄνθρωπον,	humainement,
ἀπειλεῖ δὲ πύργοις	et il menace *ces* tours
δεινά, ἃ Τύχη	de-choses-terribles, que la fortune
μὴ κράνοι·	n'accomplisse pas!
φησὶν γὰρ ἐκπέρσειν πόλιν,	Car il dit devoir-détruire la ville,
θεοῦ τε θέλοντος καὶ μὴ θέλοντος,	Un dieu et le voulant et ne *le* voulant [pas,
οὐδὲ τὴν ἔριν Διὸς	et pas-même la colère de Jupiter
σκήψασαν πέδῳ	s'étant-abattue sur le sol
σχέθειν ἐκποδών.	*ne*-devoir-le-mettre à-l'écart.
Προσείκασεν δὲ τὰς ἀστραπάς τε	Or il a assimilé et les éclairs
καὶ βολὰς κεραυνίους	et les jets-de-la-foudre
θάλπεσι μεσημβρινοῖσιν.	à des chaleurs de-midi.
Ἔχει δὲ σῆμα,	Et il a *pour* emblème,
ἄνδρα γυμνὸν πυρφόρον,	un homme nu portant-du-feu,
λαμπὰς δὲ φλέγει	et un flambeau brûle
ὡπλισμένη διὰ χερῶν·	armé dans *ses* mains :
φωνεῖ δὲ γράμμασιν χρυσοῖς,	et il dit en lettres d'-or,
ΠΡΗΣΩ ΠΟΛΙΝ.	JE BRULERAI LA VILLE.
Πέμπε φωτὶ τοιῷδε —	Envoie contre un homme tel....
Τίς ξυστήσεται ;	*mais* qui *lui* tiendra-tête?
τίς μενεῖ μὴ τρέσας	qui attendra n'ayant-pas-tremblé
ἄνδρα κομπάζοντα ;	*cet* homme plein-de-jactance?
ΕΤΕΟΚΛΗΣ. Καὶ τῷδε κέρδει	ÉTÉOCLE. Encore à cet avantage-ci
ἄλλο κέρδος τίκτεται.	un autre avantage se-joint.
Ἡ γλῶσσά τοι γίγνεται	La langue certes est
κατήγορος ἀληθὴς	l'accusatrice vraie
φρονημάτων ματαίων ἀνδράσιν.	des pensées vaines aux hommes.
Καπανεὺς δὲ ἀπειλεῖ,	Or Capanée menace,
παρεσκευασμένος δρᾶν,	prêt à faire *ce qu'il dit*,

θεοὺς ἀτίζων, κἀπογυμνάζων στόμα,
χαρᾷ ματαίᾳ, θνητὸς ὢν, ἐς οὐρανὸν
πέμπει γεγωνὰ Ζηνὶ κυμαίνοντ' ἔπη.
Πέποιθα δ' αὐτῷ ξὺν δίκῃ τὸν πυρφόρον
ἥξειν κεραυνὸν, οὐδὲν ἐξεικασμένον
μεσημβρινοῖσι θάλπεσιν τοῖς ἡλίου.
Ἀνὴρ δ' ἐπ' αὐτῷ, κεἰ στόμαργός ἐστ' ἄγαν,
αἴθων τέτακται λῆμα Πολυφόντου βία,
φερέγγυον φρούρημα, Προστατηρίας
Ἀρτέμιδος εὐνοίαισι, σύν τ' ἄλλοις θεοῖς.
Λέγ' ἄλλον ἄλλαις ἐν πύλαις εἰληχότα.

ΧΟΡΟΣ.

(Ἀντιστροφὴ β').

Ὄλοιθ' ὃς πόλει μεγάλ' ἐπεύχεται,
κεραυνοῦ δέ νιν βέλος ἐπισχέθοι,
πρὶν ἐμὸν ἐσθορεῖν δόμον, πωλικῶν [1] θ'
ἐδωλίων ὑπερκόπῳ
δορί ποτ' ἐκλαπάξαι.

ΑΓΓΕΛΟΣ.

Καὶ μὴν τὸν ἐντεῦθεν λαχόντα πρὸς πύλαις
λέξω· τρίτῳ γὰρ Ἐτεόκλῳ τρίτος πάλος
ἐξ ὑπτίου 'πήδησεν εὐχάλκου κράνους,
πύλαισι Νηΐταισι [2] προσβαλεῖν λόχον.

déchaînant sa langue, plein d'une folle joie, simple mortel, il adresse au ciel d'insolentes paroles, et défie Jupiter. Mais bientôt, j'en ai la ferme confiance, pleuvront sur lui des foudres brûlants, juste châtiment de son délire, et ce ne seront pas de vaines ardeurs du midi. Malgré son arrogance, l'ardent courage, la force de Polyphonte, que je lui oppose, seront pour nous une barrière suffisante, si Diane protectrice, si les autres dieux nous assistent. Poursuis, nomme-moi le nouveau chef que le sort a destiné pour l'attaque d'une autre porte.

LE CHOEUR. Périsse l'auteur de ces terribles menaces! que la foudre l'arrête avant qu'il s'élance dans nos foyers, et que sa pique insolente nous chasse de nos retraites virginales!

L'ENVOYÉ. Je vais dire celui dont le sort ensuite a marqué la place à nos portes : c'est Étéocle; son nom est sorti le troisième du fond du casque, et la porte Néitide est celle qu'il doit assaillir. Sa

ἀτίζων θεοὺς,	méprisant les dieux,
καὶ ἀπογυμνάζων στόμα,	et exerçant *sa* bouche,
χαρᾷ ματαιᾷ, ὢν θνητὸς,	avec une joie vaine, étant mortel,
πέμπει ἐς οὐρανὸν	il envoie vers le ciel
ἔπη κυμαίνοντα	des paroles bouillonnantes
γεγωνὰ Ζηνί.	qui-seront-entendues de Jupiter.
Πέποιθα δὲ τὸν κεραυνὸν πυρφόρον	Mais j'ai-confiance la foudre embrasée
ἥξειν αὐτῷ ξὺν δίκῃ,	devoir-venir sur lui avec justice,
οὐδὲν ἐξεικασμένον	n'étant-en-rien semblable
τοῖς θάλπεσι μεσημβρινοῖσιν ἡλίου.	aux chaleurs de-midi du soleil.
Ἐπὶ αὐτῷ δὲ,	Or contre lui,
καὶ εἴ ἐστιν ἄγαν στόμαργος,	quoiqu'il soit trop fanfaron,
τέτακται ἀνὴρ	a-été-placé un homme
αἴθων λῆμα	ardent par-le-courage,
βία Πολυφόντου,	la force de Polyphonte,
φρούρημα φερέγγυον,	garde suffisante,
εὐνοίαισιν Ἀρτέμιδος	*avec* la bienveillance d'Artémis
Προστατηρίας,	Protectrice,
σύν τε ἄλλοις θεοῖς.	et avec les autres dieux.
Λέγε ἄλλον εἰληχότα	Dis un autre placé-par-le-sort
ἐν ἄλλαις πύλαις.	à une-autre porte.
ΧΟΡΟΣ. Ὄλοιτο ὃς	LE CHOEUR. Périsse *celui*-qui
ἐπεύχεται μεγάλα	fait-de-grandes-imprécations
πόλει,	contre-la-ville,
βέλος δὲ κεραυνοῦ	et que le trait de la foudre
ἐπισχέθοι νιν,	arrête lui,
πρὶν ἐσθορεῖν ἐμὸν δόμον,	avant *lui* s'élancer dans ma maison,
ἐκλαπάξαι τέ ποτε	et m'arracher enfin
ἑδωλίων πωλικῶν	des siéges virginaux
δορὶ ὑπερκόπῳ.	avec-la-lance insolente !
ΑΓΓΕΛΟΣ. Καὶ μὴν λέξω	L'ENVOYÉ. Et certes je dirai
τὸν ἐντεῦθεν	celui ensuite
λαχόντα	ayant-été- mis-par-le-sort
πρὸς πύλαις	à une porte.
Τρίτος γὰρ πάλος	Car le troisième jet-du-sort
ἐπήδησεν ἐκ κράνους	est-sorti d'un casque
εὐχάλκου ὑπτίου	de-bon-airain renversé
Ἐτεόκλῳ τρίτῳ,	à Étéocle troisième,
προσβαλεῖν λόχον	pour-faire-avancer sa troupe
πύλαισι Νηΐταισι.	vers-la porte de-Néïs.

Ἵππους δ' ἐν ἀμπυκτῆρσιν ἐμβριμωμένας
δινεῖ, θελούσας πρὸς πύλαις πεπτωκέναι.
Φιμοὶ δὲ συρίζουσι βάρβαρον τρόπον,
μυκτηροκόμποις πνεύμασιν πληρούμενοι.
Ἐσχημάτισται δ' ἀσπὶς οὐ σμικρὸν τρόπον·
ἀνὴρ δ' ὁπλίτης κλίμακος προσαμβάσεις [1]
στείχει πρὸς ἐχθρῶν πύργον, ἐκπέρσαι θέλων·
βοᾷ δὲ χοὖτος γραμμάτων ἐν ξυλλαβαῖς,
ὡς οὐδ' ἂν Ἄρης σφ' ἐκβάλοι πυργωμάτων.
Καὶ τῷδε φωτὶ πέμπε τὸν φερέγγυον
πόλεως ἀπείργειν τῆσδε δούλειον ζυγόν.

ΕΤΕΟΚΛΗΣ.

Πέμποιμ' ἂν ἤδη τόνδε σὺν τύχῃ δέ τῳ [2]·
καὶ δὴ πέπεμπτ', οὐ κόμπον ἐν χεροῖν ἔχων,
Μεγαρεὺς Κρέοντος [3] σπέρμα, τοῦ Σπαρτῶν γένους,
ὃς οὔτι μάργον ἱππικῶν φρυαγμάτων
βρόμον φοβηθεὶς ἐκ πυλῶν χωρήσεται·
ἀλλ' ἢ θανὼν τροφεῖα πληρώσει χθονὶ,
ἢ καὶ δύ' ἄνδρε, καὶ πόλισμ' ἐπ' ἀσπίδος

main a peine à retenir deux cavales toutes frémissantes sous le harnais, et impatientes de voler à nos remparts. Au travers de leurs muselières s'échappe avec un sifflement étrange le souffle ardent de leurs naseaux. Son bouclier est orné d'un emblème peu commun : c'est un soldat escaladant une tour qu'il veut prendre d'assaut ; de sa bouche sortent ces mots écrits : « *Que Mars lui-même ne le repousserait pas.* » A ce chef encore oppose un adversaire capable d'éloigner de Thèbes le joug de l'esclavage.

ÉTÉOCLE. Le voici, et ce n'est pas sans quelque espoir de succès ; son bras ne porte point d'emblème orgueilleux, mais il marchera au combat sans se laisser effrayer par les hennissements de ces coursiers furieux ; c'est un rejeton de la terre, le fils de Créon, Mégarée. Ou, par sa mort, il acquittera ce qu'il doit à sa patrie, ou, maître à la fois des deux hommes et du rempart représenté sur le bouclier de son

Δινεῖ δὲ ἵππους	Or il fait-tourner *ses* cavales
ἐμβριμωμένας	frémissantes
ἐν ἀμπυκτῆρσιν,	dans les-harnais,
θελούσας πεπτωκέναι	*et* voulant fondre
πρὸς πύλαις.	sur-la-porte.
Φιμοὶ δὲ συρίζουσι	Et les muselières sifflent
τρόπον βάρβαρον,	d'une manière étrange,
πληρούμενοι πνεύμασιν	se-remplissant de souffles [seaux.
μυκτηροκόμποις.	qui-s'échappent-bruyamment des na-
Ἀσπὶς δὲ ἐσχημάτισται	Puis le bouclier a-été-orné
τρόπον οὐ σμικρόν·	d'une façon non petite ;
ἀνὴρ δὲ ὁπλίτης στείχει	un homme tout-armé approche
προσαμβάσεις κλίμακος	les degrés d'une-échelle
πρὸς πύργον ἐχθρῶν,	vers une tour d'ennemis,
θέλων ἐκπέρσαι·	voulant *la* renverser :
καὶ οὗτος δὲ βοᾷ	et celui-ci aussi crie
ἐν ξυλλαβαῖς γραμμάτων,	dans-des-assemblages de-lettres,
ὡς οὐδὲ Ἄρης	que pas-même Mars
ἂν ἐκβάλοι σφε πυργωμάτων.	*ne*-renverserait lui des remparts.
Καὶ τῷδε φωτὶ	Encore contre cet homme-ci
πέμπε τὸν φερέγγυον	envoie celui qui-est-capable
ἀπείργειν τῆσδε πόλεως	d'écarter de cette ville-ci
ζυγὸν δούλειον.	le joug de-l'esclavage.
ΕΤΕΟΚΛΗΣ. Πέμποιμι ἂν ἤδη	ÉTÉOCLE. J'enverrai déjà
τόνδε	celui-ci
σὺν δέ τῳ τύχῃ·	et-même avec quelque bonheur ;
καὶ δὴ πέπεμπται,	et certes a-été-envoyé,
οὐκ ἔχων κόμπον	n'ayant pas de bravade
ἐν χεροῖν,	dans les mains,
Μεγαρεὺς σπέρμα Κρέοντος,	Mégarée, rejeton de Créon,
τοῦ γένους Σπαρτῶν,	de la race des *hommes*-semés,
ὃς οὔτι φοβηθεὶς	lequel n'ayant-nullement craint
βρόμον μάργον	un frémissement furieux
φρυαγμάτων ἱππικῶν	de hennissements de chevaux,
χωρήσεται ἐκ πυλῶν·	marchera hors des portes :
ἀλλὰ ἢ θανὼν πληρώσει	mais ou étant-mort il acquittera
τροφεῖα χθονὶ,	*sa* nourriture à la terre,
ἢ ἑλὼν καὶ δύο ἄνδρε,	ou ayant-pris et les deux hommes,
καὶ πόλισμα	et la ville
ἐπὶ ἀσπίδος,	*qui est* sur le bouclier,

ἑλὼν, λαφύροις δῶμα κοσμήσει πατρός.
Κόμπαζ' ἐπ' ἄλλῳ, μηδέ μοι φθόνει λέγων.

ΧΟΡΟΣ.

(Στροφὴ β'.)

Ἐπεύχομαι τάδε μὲν εὐτυχεῖν,
(ἰὼ!) πρόμαχ' [1] ἐμῶν δόμων, τοῖσι δὲ δυστυχεῖν.
Ὡς δ' ὑπέραυχα βάζουσιν ἐπὶ πτόλει
μαινομένᾳ φρενὶ, τώς νιν
Ζεὺς νεμέτωρ ἐπίδοι κοταίνων.

ΑΓΓΕΛΟΣ.

Τέταρτος ἄλλος, γείτονας πύλας ἔχων
Ὄγκας Ἀθάνας, ξὺν βοῇ παρίσταται,
Ἱππομέδοντος σχῆμα καὶ μέγας τύπος.
Ἅλω δὲ πολλὴν (ἀσπίδος κύκλον λέγω)
ἔφριξα δινήσαντος· οὐκ ἄλλως ἐρῶ.
Ὁ σηματουργὸς δ' οὔ τις εὐτελὴς ἄρ' ἦν,
ὅστις τόδ' ἔργον ὤπασεν πρὸς ἀσπίδι,
Τυφῶν' ἱέντα πύρπνοον διὰ στόμα
λιγνὺν μέλαιναν, αἰόλην πυρὸς κάσιν·
ὄφεων δὲ πλεκτάναισι περίδρομον κύτος
προσηδάφισται κοιλογάστορος κύκλου.
Αὐτὸς δ' ἐπηλάλαξεν, ἔνθεος δ' Ἄρει
βακχᾷ πρὸς ἀλκὴν, Θυιὰς ὥς, φόβον βλέπων.

ennemi, il ornera de dépouilles le palais de son père. Mais vante-moi un autre chef; parle, ne crains pas de m'irriter.

LE CHOEUR. Puisses-tu triompher, ô défenseur de nos foyers! puissent nos ennemis succomber! Aux insolentes menaces que dans leur fureur ils envoient à notre ville, que Jupiter vengeur réponde par un regard de colère!

L'ENVOYÉ. Le quatrième chef, celui qui doit attaquer la porte voisine de Minerve Oncé, est le terrible Hippomédon, à la gigantesque stature; il s'avance en poussant des cris. A le voir tourner rapidement un disque énorme, c'est son bouclier que je veux dire, j'ai frémi, je l'avoue. Ce n'était pas un artisan vulgaire, celui qui grava cette armure : on y voit Typhon, dont la bouche ardente vomit une fumée noire, sœur mobile du feu. Autour du bouclier sont incrustés des serpents enlacés. Hippomédon pousse des cris de triomphe; plein de Mars, semblable à une bacchante, la rage du combat le transporte; ses yeux lancent l'épouvante. Gardez-vous des efforts

κοσμήσει λαφύροις	il ornera de dépouilles
δῶμα πατρός.	le palais de *son* père.
Κόμπαζε ἐπὶ ἄλλῳ,	Dis-des-bravades au sujet d'un autre,
μηδὲ φθόνει μοι λέγων.	et n'épargne-pas moi en-parlant.
ΧΟΡΟΣ. Ἐπεύχομαι	LE CHOEUR. Je souhaite
τάδε μὲν εὐτυχεῖν,	ces-choses-ci réussir,
(ἰώ !) πρόμαχε ἐμῶν δόμων,	ô défenseur de mes demeures,
δυστυχεῖν δὲ τοῖσι.	et *les-choses* tourner-mal à ceux-là.
Ὡς δὲ βάζουσιν ὑπέραυχα	Et comme ils parlent insolemment
ἐπὶ πτόλει φρενὶ μαινομένᾳ,	contre la ville avec un esprit furieux,
τὼς Ζεὺς νεμέτωρ	*qu'*ainsi Jupiter distributeur
ἐπίδοι νιν κοταίνων.	regarde eux étant-irrité.
ΑΓΓΕΛΟΣ. Τέταρτος ἄλλος,	L'ENVOYÉ. Le quatrième autre,
ἔχων πύλας γείτονας	ayant la porte voisine
Ἀθάνας Ὄγκας,	de Minerve Oncé,
παρίσταται ξὺν βοῇ,	se-tient-auprès avec des cris,
σχῆμα καὶ τύπος μέγας	*c'est* la figure et la forme gigantesque
Ἱππομέδοντος.	d'Hippomédon.
Δινήσαντος δὲ	Or *celui-ci* ayant-fait-tournoyer
ἅλω πολλὴν	un disque énorme,
(λέγω κύκλον ἀσπίδος)	(je dis le cercle de *son* bouclier)
ἔφριξα·	j'ai frissonné;
οὐκ ἐρῶ ἄλλως.	je ne dirai pas autrement.
Ὁ δὲ σηματουργὸς	Et le faiseur-d'emblèmes
οὐκ ἦν ἄρα τις εὐτελής,	n'était-certes-pas un *homme*-vulgaire,
ὅστις ὤπασεν πρὸς ἀσπίδι	qui a joint au bouclier
τόδε ἔργον, Τυφῶνα ἱέντα	cet ouvrage-ci, Typhon lançant
διὰ στόμα πύρπνοον	par *sa* bouche soufflant-le-feu
λιγνὺν μέλαιναν,	une fumée noire,
κάσιν αἰόλην πυρός·	sœur mobile du feu :
κύτος δὲ περίδρομον	puis la cavité circulaire
κύκλου κοιλογάστορος	du disque au-ventre-creux
προσηδάφισται	a-été-pavée
πλεκτάναισιν ὄφεων.	d'enlacements de serpents.
Αὐτὸς δὲ	Et lui-même
ἐπηλάλαξεν,	a-poussé-des-cris-de-guerre,
ἔνθεος δὲ Ἄρει	et plein-du-dieu-Mars
βακχᾷ πρὸς ἀλκήν,	il s'agite pour le combat,
ὡς Θυϊάς,	comme une Thyade,
βλέπων φόβον	lançant-de-ses-yeux la terreur.

Τοιοῦδε φωτὸς πεῖραν εὖ φυλακτέον·
φόβος γὰρ ἤδη πρὸς πύλαις κομπάζεται.

ΕΤΕΟΚΛΗΣ.

Πρῶτον μὲν Ὄγκα Παλλὰς ἥδ' ἀγχίπτολις,
πύλαισι γείτων, ἀνδρὸς ἐχθαίρουσ' ὕβριν,
εἴρξει νεοσσῶν ὡς δράκοντα δύσχιμον·
Ὑπέρβιος[1] δὲ, κεδνὸς Οἴνοπος τόκος,
ἀνὴρ κατ' ἄνδρα τοῦτον ἡρέθη, θέλων
ἐξιστορῆσαι μοῖραν, ἐν χρείᾳ τύχης·
οὔτ' εἶδος, οὔτε θυμὸν, οὔθ' ὅπλων σχέσι
μωμητός· Ἑρμῆς δ' εὐλόγως ξυνήγαγεν.
Ἐχθρὸς γὰρ ἀνὴρ ἀνδρὶ τῷ ξυστήσεται.
Ξυνοίσετον δὲ πολεμίους ἐπ' ἀσπίδων
θεούς· ὁ μὲν γὰρ πύρπνοον Τυφῶν' ἔχει,
Ὑπερβίῳ δὲ Ζεὺς πατὴρ ἐπ' ἀσπίδος
σταδαῖος ἧσται, διὰ χερὸς βέλος φλέγων·
κοὔπω τις εἶδε Ζῆνά του νικώμενον.
Τοιάδε μέντοι προσφίλεια δαιμόνων·
πρὸς τῶν κρατούντων δ' ἐσμὲν, οἱ δ' ἡσσωμένων·
εἰκὸς δὲ πράξειν ἄνδρας ὧδ' ἀντηρέτας,

d'un tel guerrier; car déjà ses bravades ont répandu la terreur à nos portes.

ÉTÉOCLE. D'abord la déesse voisine de Thèbes et de cette porte, Minerve Oncé, irritée d'une audace injurieuse, défendra ses enfants des atteintes de ce dragon furieux; puis l'homme que j'oppose à l'homme, c'est le vaillant fils d'Œnops, Hyperbius, qui brûle de tenter le sort du combat. En force, en courage, en armure, il ne le cède point à son rival : Mercure les a bien appareillés; les deux guerriers sont ennemis, et de plus portent sur leurs boucliers des dieux ennemis l'un de l'autre. Hippomédon porte Typhon au souffle embrasé; et sur le bouclier d'Hyperbius se tient debout, la foudre en main, Jupiter, qui jamais n'a connu de vainqueur. Or, on sait l'amitié que se portent ces dieux. Pour nous sont les vainqueurs, pour l'ennemi les vaincus;

Φυλακτέον εὖ	Il-faut-se-garder bien
πεῖραν τοιοῦδε φωτός ·	contre-l'attaque d'un tel homme :
ἤδη γὰρ φόβος	car déjà la terreur
κομπάζεται	se-répand-par-ses-bravades
πρὸς πύλαις.	aux portes.
ΕΤΕΟΚΛΗΣ. Πρῶτον μὲν	ÉTÉOCLE. D'abord d'un côté
Παλλὰς Ὄγκα ἥδε ἀγχίπτολις,	Pallas-Oncé celle-près-de-la-ville,
γείτων πύλαισι,	voisine des portes,
ἐχθαίρουσα ὕβριν ἀνδρὸς,	haïssant l'insolence de-*cet*-homme,
εἴρξει νεοσσῶν	*l'*écartera de-*ses*-nourrissons
ὡς δράκοντα δύσχιμον ·	comme un dragon dangereux :
ἀνὴρ δὲ	d'un-autre-côté homme
κατὰ τοῦτον ἄνδρα .	contre cet homme
ἡρέθη Ὑπέρβιος,	a-été-choisi Hyperbius,
κεδνὸς τόκος Οἴνοπος,	prudent fils d'Œnops,
θέλων ἐξιστορῆσαι μοῖραν,	voulant rechercher *son* destin
ἐν χρείᾳ τύχης ·	dans *cette* nécessité de fortune ;
μωμητὸς οὔτε εἶδος,	répréhensible ni pour-la-figure ,
οὔτε θυμὸν,	ni *pour*-le-cœur ,
οὔτε σχέσιν ὅπλων ·	ni *pour*-l'état des-armes ;
Ἑρμῆς δὲ ξυνήγαγεν	et Mercure *les*-a-mis-aux-prises
εὐλόγως. Ἀνὴρ γὰρ	raisonnablement. Car l'homme
ἐχθρὸς ἀνδρὶ,	*est* ennemi de l'homme ,
τῷ ξυστήσεται.	contre-lequel il luttera.
Ξυνοίσετον δὲ	Puis ils opposeront-tous-deux
θεοὺς πολεμίους ἐπὶ ἀσπίδων ·	des dieux ennemis sur *leurs* boucliers :
ὁ μὲν γὰρ ἔχει	car l'un a
Τυφῶνα πύρπνοον,	Typhon au-souffle-de-feu ,
ἐπὶ ἀσπίδος δὲ Ὑπερβίῳ	et sur le bouclier à Hyperbius
Ζεὺς πατὴρ	Jupiter père-*des-dieux*
ἧσται σταδαῖος,	se-tient de-pied-ferme ,
φλέγων βέλος διὰ χερός ·	brûlant un trait dans *sa* main ;
καὶ οὔπω τις εἶδε Ζῆνα	et-nul-encore-*ne* vit Jupiter
νικώμενόν του. Μέντοι τοιάδε	vaincu par-personne. Or telle *est*
προσφίλεια δαιμόνων ·	l'amitié de *ces* dieux *l'un pour l'autre*,
ἐσμὲν δὲ πρὸς τῶν κρατούντων,	et nous-sommes *pour* les vainqueurs,
οἱ δὲ ἡσσωμένων ·	eux *pour* les vaincus ;
εἰκὸς δὲ	or il-*est*-probable
ἄνδρας ἀντηρέτας	*ces* hommes rivaux
πράξειν ὧδε ,	devoir-s'en-tirer ainsi ,

εἰ Ζεύς γε Τυφῶ καρτερώτερος μάχῃ.
Ὑπερβίῳ τε, πρὸς λόγον τοῦ σήματος,
σωτὴρ γένοιτ' ἂν Ζεὺς ἐπ' ἀσπίδος τυχών.

ΧΟΡΟΣ.

(Ἀντιστροφὴ β'.)

Πέποιθα τὸν Διὸς ἀντίτυπον ἔχοντ'
ἄφιλον ἐν σάκει τοῦ χθονίου δέμας
δαίμονος ἐχθρὸν εἴκασμα βροτοῖς τε καὶ
δαροβίοισι θεοῖσιν,
πρόσθε πυλᾶν κεφαλὰν ἰάψειν.

ΑΓΓΕΛΟΣ.

Οὕτως γένοιτο. Τὸν δὲ πέμπτον αὖ λέγω,
πέμπταισι προσταχθέντα βοῤῥαίαις πύλαις
τύμβον κατ' αὐτὸν Διογενοῦς Ἀμφίονος.
Ὄμνυσι δ' αἰχμὴν, ἣν ἔχει, μᾶλλον θεοῦ
σέβειν πεποιθὼς, ὀμμάτων θ' ὑπέρτερον,
ἦ μὴν λαπάξειν ἄστυ Καδμείων βίᾳ
Διός. Τόδ' αὐδᾷ μητρὸς ἐξ ὀρεσκόου [1]
βλάστημα καλλίπρῳρον, ἀνδρόπαις ἀνήρ.
Στείχει δ' ἴουλος ἄρτι διὰ παρηΐδων,
ὥρας φυούσης, ταρφὺς ἀντέλλουσα θρίξ.
Ὁ δ' ὠμὸν, οὔτι παρθένων ἐπώνυμον,
φρόνημα, γοργὸν δ' ὄμμ' ἔχων, προσίσταται.

si Jupiter vainquit Typhon, n'est-ce pas un présage du sort des deux adversaires? Jupiter, croyons-en l'emblème du bouclier d'Hyperbius, donnera la victoire au champion qui le porte.

LE CHOEUR. Oui, celui qui sur son bouclier oppose au type de Jupiter l'odieux portrait du fils de la Terre, image abhorrée des humains et des dieux immortels, se brisera la tête devant nos portes.

L'ENVOYÉ. Que ce vœu s'accomplisse! — J'arrive au cinquième chef, auquel est échue par le sort la porte de Borée, près du tombeau du divin Amphion. Par la lance qu'il tient, et qui lui est plus sacrée que les dieux, plus chère que la prunelle de ses yeux, il jure de saccager la ville de Cadmus en dépit de Jupiter. Ainsi parle le superbe rejeton d'une nymphe des montagnes, cet enfant viril. A peine ses joues se couvrent-elles de ce léger duvet, qui croît et s'épaissit avec la puberté; mais cruel dans son cœur, farouche dans ses regards, il n'a d'une vierge que le nom. Avec quelle insolence il marche contre

εἴ γε Ζεὺς καρτερώτερος
Τυφῶ μάχῃ.
Ὑπερβίῳ τε
πρὸς λόγον τοῦ σήματος,
Ζεὺς γένοιτο ἂν σωτὴρ
τυχὼν ἐπὶ ἀσπίδος.
ΧΟΡΟΣ. Πέποιθα
τὸν ἔχοντα ἐν σάκει
ἄφιλον ἀντίτυπον Διὸς,
δέμας τοῦ δαίμονος χθονίου
εἴκασμα ἐχθρὸν βροτοῖς τε
καὶ θεοῖσι δαροβίοισιν,
ἰάψειν κεφαλὰν
πρόσθε πυλᾶν.
ΑΓΓΕΛΟΣ. Γένοιτο οὕτως.
Λέγω δὲ αὖ τὸν πέμπτον,
προσταχθέντα πύλαις
πέμπταισι βοῤῥαίαις,
κατὰ τύμβον αὐτὸν
Αμφίονος Διογενοῦς.
Ὄμνυσι δὲ αἰχμὴν ἣν ἔχει
πεποιθὼς σέβειν
μᾶλλον θεοῦ,
ὑπέρτερόν τε ὀμμάτων,
ἦ μὴν λαπάξειν
ἄστυ Καδμείων
βίᾳ Διός.
Βλάστημα καλλίπρῳρον
ἐκ μητρὸς ὀρεσκόου,
ἀνὴρ ἀνδρόπαις αὐδᾷ τόδε.
Ἴουλος δὲ
στείχει ἄρτι
διὰ παρῄδων,
θρὶξ ἀντέλλουσα ταρφὺς,
ὥρας φυούσης.
Ὁ δὲ ἔχων φρόνημα ὠμὸν,
οὔτι
ἐπώνυμον παρθένων,
ὄμμα δὲ γοργὸν,
προσίσταται.

puisque Jupiter *est* supérieur
à Typhon dans le combat;
et à Hyperbius
dans la proportion de l'emblème,
Jupiter sera sauveur
se-trouvant sur *son* bouclier.
LE CHOEUR. J'ai-confiance
celui qui-a sur *son* bouclier
l'odieux adversaire de Jupiter,
le corps du dieu terrestre,
image abhorrée et des mortels
et des dieux à-la-longue-vie,
devoir-briser *sa* tête
devant *nos* portes.
L'ENVOYÉ. Qu'il soit ainsi!
Mais je dis de nouveau le cinquième,
qui-a-été-désigné pour la porte
cinquième de-Borée,
près du tombeau-même
d'Amphion fils-de-Jupiter.
Or il jure par-la-lance, qu'il a,
osant *la*-révérer
plus qu'un dieu,
et de-préférence à-*ses*-yeux,
oui certes *lui*-devoir-saccager
la ville des Cadméens
en dépit de Jupiter.
Le rejeton au-beau-front
d'une mère montagnarde,
homme enfant-et-homme, dit cela.
Or un poil-follet
se-montre récemment
sur *ses* joues,
poil qui-croît épais,
l'âge *le* faisant-pousser.
Mais lui ayant un courage cruel,
et nullement
en-rapport-avec-le-nom de vierge,
et un regard terrible,
se-tient-près *de nos murs*.

Οὐ μὴν ἀκόμπαστός γ' ἐφίσταται πύλαις·
τὸ γὰρ πόλεως ὄνειδος ἐν χαλκηλάτῳ
σάκει, κυκλωτῷ σώματος προβλήματι,
Σφίγγ' ὠμόσιτον, προσμεμηχανημένην
γόμφοις, ἐνώμα, λαμπρὸν ἔκκρουστον δέμας·
φέρει δ' ὑφ' αὑτῇ φῶτα, Καδμείων ἕνα,
ὡς πλεῖστ' ἐπ' ἀνδρὶ τῷδ' ἰάπτεσθαι βέλη.
Ἐλθὼν δ' ἔοικεν οὐ καπηλεύσειν μάχην,
μακρᾶς κελεύθου δ' οὐ καταισχυνεῖν πόρον,
Παρθενοπαῖος [1] Ἀρκάς. Ὁ δὲ τοιόσδ' ἀνὴρ,
μέτοικος, Ἄργει δ' ἐκτίνων καλὰς τροφὰς,
πύργοις ἀπειλεῖ τοῖσδ', ἃ μὴ κράνοι θεός.

ΕΤΕΟΚΛΗΣ.

Εἰ γὰρ τύχοιεν ὧν φρονοῦσι πρὸς θεῶν,
αὐτοῖς ἐκείνοις ἀνοσίοις κομπάσμασιν
ἦ τὰν πανώλεις παγκάκως τ' ὀλοίατο.
Ἔστιν δὲ καὶ τῷδ', ὃν λέγεις τὸν Ἀρκάδα,
ἀνὴρ ἄκομπος (χεὶρ δ' ὁρᾷ τὸ δράσιμον),
Ἄκτωρ, ἀδελφὸς τοῦ πάρος λελεγμένου,
ὃς οὐκ ἐάσει γλῶσσαν [2], ἐργμάτων ἄτερ,
ἔξω [3] πυλῶν ῥέουσαν, ἀλδαίνειν κακά·

nos murs! sur son bouclier, rempart circulaire de son corps, il porte clouée l'image du Sphinx sanguinaire, cet opprobre de notre ville. Le monstre, resplendissant, effroyable, tient dans ses griffes un Thébain, destiné sans doute à recevoir tous nos traits. Certes, ce n'est point pour faire trafic de son sang par une honteuse défection qu'il est accouru d'un pays lointain; c'est Parthénopée l'Arcadien. Étranger dans Argos, et prêt à payer à ses hôtes le prix de leurs soins, il éclate contre nos tours en menaces, que confonde le ciel.

ÉTÉOCLE. Ah! s'ils sont traités par les dieux comme le mérite leur orgueil, ils périront tous et de la mort la plus funeste, eux et leur impie arrogance. A l'Arcadien dont tu parles, j'oppose encore un guerrier sans jactance, mais dont le bras sait agir : Actor, le frère du dernier que j'ai nommé; Actor, qui ne permettra point qu'une langue débordée vienne aggraver nos malheurs, ni qu'un bras ennemi montre

Οὐ μήν γε ἐφίσταται	Assurément il-ne-se-tient-pas
πύλαις ἀκόμπαστος·	à *nos* portes sans-jactance;
ἐν σάκει γὰρ χαλκηλάτῳ,	car sur un bouclier fait-d'airain,
προβλήματι κυκλωτῷ σώματος,	rempart circulaire de *son* corps,
ἐνώμα τὸ ὄνειδος πόλεως,	il agitait l'opprobre de la ville
Σφίγγα ὠμόσιτον,	le Sphinx carnivore,
προσμεμηχανημένην γόμφοις,	artistement-attaché avec-des-clous,
δέμας λαμπρὸν ἔκκρουστον·	corps brillant en-saillie;
φέρει δὲ ὑπὸ αὐτῇ	et il (*le sphinx*) porte sous lui
φῶτα,	un homme
ἕνα Καδμείων,	un des Cadméens,
ὡς πλεῖστα βέλη	afin la-plupart des traits
ἰάπτεσθαι ἐπὶ τῷδε ἀνδρί.	être lancés sur cet homme-là.
Ἐλθὼν δὲ ἔοικεν	Or étant-venu il paraît
οὐ καπηλεύσειν μάχην,	ne-pas-devoir-marchander le combat,
οὐδὲ καταισχυνεῖν	ni devoir-déshonorer
πόρον κελεύθου μακρᾶς,	le trajet d'un chemin long,
Παρθενοπαῖος Ἀρκάς.	Parthénopée l'Arcadien.
Ὁ δὲ ἀνὴρ τοιόσδε, μέτοικος,	Mais cet homme tel, étranger,
ἐκτίνων δὲ Ἄργει	mais acquittant envers Argos
καλὰς τροφὰς,	*le prix* d'une belle éducation,
ἀπειλεῖ τοῖσδε πύργοις,	menace ces tours-ci,
ἃ θεὸς μὴ κράνοι.	de-choses-qu'un dieu n'accomplisse [pas.
ΕΤΕΟΚΛΗΣ. Εἰ γὰρ τύχοιεν	ÉTÉOCLE. Car s'ils obtenaient
πρὸς θεῶν ὧν φρονοῦσι,	des dieux le-*prix*-de ce-qu'-ils pensent,
ἐκείνοις κομπάσμασιν	avec-ces bravades
ἀνοσίοις αὐτοῖς	impies elles-mêmes,
ἦ τοι ἂν ὀλοίατο	certes ils périraient
πανώλεις	entièrement détruits
παγκάκως τε.	et tout-à-fait-malheureusement.
Καὶ τῷδε δὲ,	Mais pour celui-ci aussi,
ὃν λέγεις τὸν Ἀρκάδα,	que tu dis l'Arcadien,
ἐστὶν ἀνὴρ ἄκομπος,	est un homme sans-jactance
(χεὶρ δὲ ὁρᾷ τὸ δράσιμον),	(mais *sa*-main voit l'efficace),
Ἄκτωρ, ἀδελφὸς	Actor, frère
τοῦ λελεγμένου πάρος,	de celui dit auparavant,
ὃς οὐκ ἐάσει γλῶσσαν	lequel ne laissera pas *cette*-langue
ῥέουσαν ἔξω πυλῶν,	se-répandant hors-de-*ses*-barrières,
ἄτερ ἐργμάτων,	sans obstacles,
ἀλδαίνειν κακά·	augmenter *nos* maux;

οὐδ' εἰσαμεῖψαι θηρὸς ἐχθίστου δάκους
εἰκὼ φέροντα πολεμίας ἐπ' ἀσπίδος·
ἢ 'ξωθεν[1] εἴσω τῷ φέροντι μέμψεται,
πυκνοῦ κροτησμοῦ τυγχάνουσ' ὑπὸ πτόλιν
Θεῶν θελόντων τᾶν ἀληθεύσαιμ' ἐγώ.

ΧΟΡΟΣ.

(Στροφὴ γ'.)

Ἱκνεῖται λόγος διὰ στηθέων,
τριχὸς δ' ὀρθίας πλόκαμος ἵσταται,
μεγάλα μεγαληγόρων κλυούσᾳ
ἀνοσίων ἀνδρῶν.
Εἴθε γὰρ θεοὶ
τούσδ' ὀλέσειαν ἐν γᾷ.

ΑΓΓΕΛΟΣ.

Ἕκτον λέγοιμ' ἂν ἄνδρα σωφρονέστατον,
ἀλκήν τ' ἄριστον μάντιν, Ἀμφιάρεω βίαν·
Ὁμολωΐσιν[2] δὲ πρὸς πύλαις τεταγμένος
κακοῖσι βάζει πολλὰ Τυδέως βίαν,
τὸν ἀνδροφόντην, τὸν πόλεως ταράκτορα,
μέγιστον Ἄργει τῶν κακῶν διδάσκαλον,
Ἐριννύος κλητῆρα, πρόσπολον φόνου,
κακῶν τ' Ἀδράστῳ τῶνδε βουλευτήριον·
καὶ τὸν σὸν αὖθις προσμολὼν[3] ἀδελφεὸν,
ἐξυπτιάζων ὄνομα, Πολυνείκους βίαν,
δίς τ' ἐν τελευτῇ τοὔνομ' ἐνδατούμενος,

sur son bouclier, jusque dans nos murs, l'image d'un monstre, horreur des Thébains. Percée de mille coups au pied de nos remparts, cette image deviendra la honte et l'opprobre de celui qui la porte. Veuillent les dieux vérifier ma prédiction!

LE CHOEUR. Ce que j'entends me pénètre d'horreur; mes cheveux se hérissent aux insolentes menaces de ces impies blasphémateurs. Fasse le ciel qu'ils trouvent ici leur perte!

L'ENVOYÉ. Le sixième chef est le sage et courageux devin Amphiaraüs. Destiné à l'attaque de la porte Homoloïde, tantôt c'est Tydée qu'il maudit, Tydée l'homicide, le perturbateur de l'État, l'auteur de tous les maux d'Argos, le provocateur d'Erinnys, le ministre de la mort, le perfide conseiller d'Adraste; tantôt c'est ton propre frère, Polynice, dont il décompose le nom, le divisant en deux, et proférant

οὐδὲ φέροντα	ni celui-qui-porte
ἐπὶ ἀσπίδος πολεμίας	sur un bouclier ennemi
εἰκὼ θηρὸς	l'image d'une bête
δάκους ἐχθίστου ·	monstre le-plus-odieux :
ἣ τυγχάνουσα	elle rencontrant
κροτησμοῦ πυκνοῦ	des coups nombreux
ὑπὸ πτόλιν ἔξωθεν	sous *les murs de* la-ville en-dehors
μέμψεται	se-plaindra
τῷ φέροντι εἴσω	à-celui-qui-*la*-porte en-dedans.
Θεῶν θελόντων	Les dieux *le*-voulant,
ἐγώ τοι ἂν ἀληθεύσαιμι.	moi certes je dirais-vrai.
ΧΟΡΟΣ. Λόγος	LE CHOEUR. *Ces* paroles
ἱκνεῖται διὰ στηθέων,	viennent à-travers *ma*-poitrine,
πλόκαμος δὲ τριχὸς ὀρθίας	et les boucles de *mes* cheveux dressés
ἵσταται, κλυούσᾳ	se-lèvent, à-*moi*-entendant
μεγάλα ἀνδρῶν ἀνοσίων	les-insolences d'hommes impies
μεγαληγόρων.	aux paroles-insolentes.
Εἴθε γὰρ θεοὶ	Ah ! si les dieux
ὀλέσειαν τούσδε ἐν γᾷ.	perdaient ceux-ci sur-*cette*-terre !
ΑΓΓΕΛΟΣ. Λέγοιμι ἂν	L'ENVOYÉ. Je dirai
ἕκτον ἄνδρα σωφρονέστατον,	le sixième homme très-sage,
μάντιν τε ἄριστον ἀλκήν,	et devin très-bon-au-combat,
βίαν Ἀμφιάρεω ·	la force d'Amphiaraüs ;
τεταγμένος δὲ	or ayant-été-placé
πρὸς πύλαις Ὁμολωΐσιν,	à-la-porte Homoloïde,
βάζει πολλὰ	il adresse-beaucoup-*de-paroles*
κακοῖσι	avec-des-injures
βίαν Τυδέως, τὸν ἀνδροφόντην,	à la force de Tydée, l'homicide,
τὸν ταράκτορα πόλεως,	le perturbateur de-la-ville,
μέγιστον διδάσκαλον	le-plus-grand maître
τῶν κακῶν Ἄργει,	des maux pour Argos,
κλητῆρα Ἐριννύος,	provocateur d'Érinnys,
πρόσπολον φόνου, βουλευτήριόν τε	ministre du meurtre, et conseiller
τῶνδε κακῶν Ἀδράστῳ ·	de-ces maux-ci pour Adraste :
καὶ αὖθις προσμολών,	et ensuite arrivant
τὸν σὸν ἀδελφεόν,	à ton frère,
βίαν Πολυνείκους,	la force de Polynice,
ἐξυπτιάζων ὄνομα,	renversant son-nom
ἐνδατούμενός τε δὶς	et partageant en-deux
το ὄνομα ἐν τελευτῇ,	ce nom à la fin,

καλεῖ. Λέγει δὲ τοῦτ' ἔπος διὰ στόμα·
« Ἦ τοῖον ἔργον καὶ θεοῖσι προσφιλὲς,
« καλόν τ' ἀκοῦσαι καὶ λέγειν μεθυστέροις,
« πόλιν πατρῴαν καὶ θεοὺς τοὺς ἐγγενεῖς
« πορθεῖν, στράτευμ' ἐπακτὸν ἐμβεβληκότα.
« Μητρὸς δὲ πηγὴν [1] τίς κατασβέσει δίκη;
« πατρὶς δὲ γαῖα, σῆς ὑπὸ σπουδῆς δορὶ
« ἁλοῦσα, πῶς σοι ξύμμαχος γενήσεται;
« ἔγωγε μὲν δὴ τήνδε πιανῶ χθόνα,
« μάντις κεκευθὼς πολεμίας ὑπὸ χθονός.
« Μαχώμεθ', οὐκ ἄτιμον ἐλπίζω μόρον. »
Τοιαῦθ' ὁ μάντις, ἀσπίδ' εὔκυκλον νέμων
πάγχαλκον, ηὔδα. Σῆμα δ' οὐκ ἐπῆν κύκλῳ.
Οὐ γὰρ δοκεῖν ἄριστος, ἀλλ' εἶναι θέλει,
βαθεῖαν ἄλοκα διὰ φρενὸς καρπούμενος,
ἐξ ἧς τὰ κεδνὰ βλαστάνει βουλεύματα.
Τούτῳ σοφούς τε κἀγαθοὺς ἀντηρέτας
πέμπειν ἐπαινῶ· δεινὸς ὃς θεοὺς σέβει.

ΕΤΕΟΚΛΗΣ.

Φεῦ τοῦ ξυναλλάσσοντος ὄρνιθος βροτοῖς
δίκαιον ἄνδρα τοῖσι δυσσεβεστέροις!

ces mots : « Certes, c'est un exploit agréable aux dieux, glorieux aujourd'hui et mémorable à jamais, que de ruiner par des armes étrangères la ville de tes pères et les temples de tes dieux. Les larmes de ta mère, quelle vengeance les tarira? Ton pays natal, une fois livré au fer par ta rage, comment sera-t-il jamais ton allié? Pour moi, je le sais, enseveli dans cette terre ennemie, mon corps l'engraissera bientôt. Combattons-donc, du moins je ne mourrai pas sans honneur. » Ainsi parle le devin, tenant un solide bouclier d'airain, bien travaillé, mais sans emblème. C'est qu'il veut, non paraître brave, mais l'être en effet. De son âme, comme d'un fertile sillon, germent les sages résolutions. A un tel adversaire, je te conseille d'opposer des guerriers sages et vaillants; qui respecte les dieux est à craindre.

ÉTÉOCLE. Fortune des humains! devais-tu donc associer cet homme juste aux plus impies des mortels? Rien de plus funeste en toute

καλεῖ. Λέγει δὲ	il *l'*appelle. Or il dit
τοῦτο ἔπος διὰ στόμα·	ces paroles de-*sa*-bouche :
« Ἦ τοῖον ἔργον	« Certes une telle action
« καὶ προσφιλὲς θεοῖσι,	« *sera* et agréable aux dieux,
« καλόν τε μεθυστέροις	« et belle pour les descendants
« ἀκοῦσαι καὶ λέγειν,	« à-entendre et à-dire,
« ἐμβεβληκότα	« *toi*-ayant-amené
« στράτευμα ἐπακτὸν,	« une armée étrangère,
« πορθεῖν πόλιν πατρῴαν	« ravager la ville de-tes-pères
« καὶ τοὺς θεοὺς ἐγγενεῖς.	« et les-dieux indigènes.
« Τίς δὲ δίκη κατασβέσει	« Mais quelle vengeance tarira
« πηγὴν μητρός;	« la source *de larmes* de *ta* mère ?
« Γαῖα δὲ πατρὶς,	« Et la terre de-*ta*-patrie,
« ἁλοῦσα δορὶ	« étant-prise par-la-lance
« ὑπὸ σῆς σπουδῆς,	« grâce-à-ton zèle,
« πῶς γενήσεται ξύμμαχός σοι;	« comment deviendra-t-elle alliée à toi?
« Ἔγωγε μὲν δὴ	« Pour-moi du moins certes
« πιανῶ τήνδε χθόνα,	« j'engraisserai cette-terre-ci,
« μάντις κεκευθὼς	« devin caché
« ὑπὸ χθονὸς πολεμίας.	« sous une terre ennemie.
« Μαχώμεθα, ἐλπίζω	« Combattons, j'espère
« μόρον οὐκ ἄτιμον. »	« un destin non sans-honneur. »
Ὁ μάντις, νέμων ἀσπίδα	Le devin, possédant un bouclier
εὔκυκλον πάγχαλκον,	bien-rond tout-d'airain,
ηὔδα τοιαῦτα.	disait de telles-paroles.
Σῆμα δὲ οὐκ ἐπῆν	Mais un emblème n'était-pas
κύκλῳ.	sur-le-cercle *du bouclier ;*
Οὐ γὰρ θέλει δοκεῖν,	car il-ne-veut-pas paraître,
ἀλλὰ εἶναι ἄριστος,	mais être très-brave,
καρπούμενος διὰ φρενὸς	faisant-fructifier dans-*son*-esprit
ἄλοκα βαθεῖαν,	un sillon profond,
ἐξ ἧς τὰ κεδνὰ βουλεύματα	duquel les sages résolutions
βλαστάνει. Ἐπαινῶ	germent. Je-*te*-conseille
πέμπειν τούτῳ ἀντηρέτας	d'envoyer à-celui-ci des adversaires
σόφους τε καὶ ἀγαθούς·	et sages et braves.
ὃς σέβει θεοὺς δεινός.	*celui*-qui révère les dieux *est*-terrible
ΕΤΕΟΚΛΗΣ. Φεῦ	ÉTÉOCLE. Hélas !
τοῦ ὄρνιθος	*je me plains* de l'oiseau *du présage*
ξυναλλάσσοντος ἄνδρα δίκαιον	qui unit un homme juste
τοῖσι βροτοῖς δυσσεβεστέροις!	aux mortels *les*-plus-impies !

Ἐν παντὶ πράγει δ' ἔσθ' ὁμιλίας κακῆς
κάκιον οὐδὲν, καρπὸς οὐ κομιστέος·
Ἄτης ἄρουρα θάνατον ἐκκαρπίζεται.
Ἢ γὰρ ξυνεισβὰς πλοῖον εὐσεβὴς ἀνὴρ
ναύταισι θερμοῖς καὶ πανουργίᾳ τινὶ,
ὄλωλεν ἀνδρῶν ξὺν θεοπτύστῳ γένει·
ἢ ξυμπολίταις [1] ἀνδράσιν, δίκαιος ὢν,
ἐχθροξένοις τε καὶ θεῶν ἀμνήμοσι,
ταὐτοῦ κυρήσας ἐνδίκως ἀγρεύματος,
πληγεὶς θεοῦ μάστιγι παγκοίνῳ 'δάμη.
Οὗτος δ' ὁ μάντις (υἱὸν Οἰκλέους λέγω)
σώφρων, δίκαιος, ἀγαθὸς, εὐσεβὴς ἀνὴρ,
μέγας προφήτης, ἀνοσίοισι συμμιγεὶς
θρασυστόμοισιν ἀνδράσιν, βίᾳ φρενῶν [2],
τείνουσι πομπὴν τὴν μακρὰν πάλιν μολεῖν,
Διὸς θέλοντος, ξυγκαθελκυσθήσεται.
Δοκῶ μὲν οὖν σφε μηδὲ προσβαλεῖν πύλαις,
οὐχ ὡς ἄθυμος, οὐδὲ λήματος κάκῃ·
ἀλλ' οἶδεν ὥς σφε χρὴ τελευτῆσαι μάχῃ,
εἰ καρπὸς ἔσται θεσφάτοισι Λοξίου.
Φιλεῖ δὲ σιγᾶν ἢ λέγειν τὰ καίρια.

affaire que la société des méchants; le fruit en est amer; c'est un champ de malheur, qui ne rapporte que la mort. Oui, que l'homme pieux s'embarque avec des nautoniers impies, et prêts à tous les crimes, il périra ainsi que cette race abhorrée des dieux. Que le juste se trouve au milieu de citoyens inhospitaliers et infidèles aux dieux, justement enveloppé dans le piége, malgré son innocence, et frappé sans distinction de la verge divine, sa mort est assurée. Ainsi le fils d'Oïclée, ce prophète habile, cet homme sage, juste, bon, religieux, mêlé, bien que malgré lui, à des impies, à des blasphémateurs, qui n'accourent ici que pour en être bientôt repoussés au loin, sera entraîné dans leur perte : telle est la volonté de Jupiter. Je crois même qu'il ne marchera point à l'assaut; non qu'il manque de courage et de résolution, mais il sait qu'il doit trouver la mort dans le combat, si l'oracle d'Apollon n'est pas vain, l'oracle de ce dieu qui toujours, ou

Ἐν παντὶ δὲ πράγει	Or en toute affaire
οὐδέν ἐστι κάκιον	rien n'est pire
ὁμιλίας κακῆς,	qu'une société mauvaise ;
καρπὸς οὐ κομιστέος·	un fruit n'est-pas-à-en-retirer ;
ἄρουρα Ἄτης	le champ d'Até
ἐκκαρπίζεται θάνατον.	donne-pour-fruit la mort.
Ἦ γὰρ ἀνὴρ εὐσεβὴς	Car ou un homme pieux,
ξυνεισβὰς πλοῖον	monté sur-un-navire
ναύταισι θερμοῖς	avec des matelots pervers
καί τινι πανουργίᾳ,	et une engeance-capable-de-tout,
ὄλωλεν ξὺν γένει ἀνδρῶν	périt avec une race d'hommes
θεοπτύστῳ· ἤ, ὢν δίκαιος,	rejetée-des-dieux ; ou, étant juste,
κυρήσας ἐνδίκως	ayant éprouvé avec-justice
τοῦ αὐτοῦ ἀγρεύματος	la même capture
ξυμπολίταις ἀνδράσιν	que-des-concitoyens hommes
ἐχθροξένοις τε	et inhospitaliers
καὶ ἀμνήμοσι θεῶν,	et oublieux des dieux ,
πληγεὶς μάστιγι θεοῦ	frappé par la verge d'un dieu
παγκοίνῳ ἐδάμη.	commune-à-tous, il-a-été-abattu.
Οὗτος δὲ ὁ μάντις	Or ce devin-là
(λέγω υἱὸν Οἰκλέους)	(je dis le fils d'Oïclée)
ἀνὴρ σώφρων, δίκαιος,	homme sage, juste,
ἀγαθός, εὐσεβής, μέγας προφήτης,	brave, pieux, grand prophète,
συμμιγεὶς, βίᾳ φρενῶν,	mêlé, en dépit de *son* cœur,
ἀνδράσιν ἀνοσίοισι	à des hommes impies
θρασυστόμοισιν,	qui-parlent-avec-audace,
τείνουσι πάλιν μολεῖν	qui-tendent à revenir
τὴν μακρὰν πομπὴν,	du long voyage *qu'ils ont fait*
Διὸς θέλοντος,	Jupiter-*le*-voulant ,
ξυγκαθελκυσθήσεται.	sera-entraîné-avec-*eux*.
Δοκῶ μὲν οὖν σφε	Je crois donc lui
μηδὲ προσβαλεῖν πύλαις,	ne pas devoir-attaquer les portes,
οὐχ ὡς ἄθυμος,	non qu'il-*soit*-sans-cœur,
οὐδὲ κάκῃ λήματος·	ni par lâcheté de résolution ;
ἀλλὰ οἶδεν ὡς χρὴ	mais il sait qu'il faut
σφὲ τελευτῆσαι μάχῃ,	lui mourir dans le combat,
εἰ καρπὸς ἔσται	si un fruit doit-être
θεσφάτοισι Λοξίου.	aux oracles de Loxias.
Φιλεῖ δὲ σιγᾷν	Or (*Loxias*) a-coutume de se taire
ἢ λέγειν τὰ καίρια.	ou de dire les-choses-qui-conviennent.

Ὅμως δ' ἐπ' αὐτῷ φῶτα Λασθένους βίαν,
ἐχθρόξενον πυλωρὸν, ἀντιτάξομεν [1],
γέροντα τὸν νοῦν, σάρκα δ' ἡβῶσαν φύσει,
ποδῶκες ὄμμα· χεῖρα δ' οὐ βραδύνεται
παρ' ἀσπίδος γυμνωθὲν ἁρπάσαι δόρυ.
Θεοῦ δὲ δῶρόν ἐστιν εὐτυχεῖν βροτούς.

ΧΟΡΟΣ.

(Ἀντιστροφὴ γ'.)

Κλύοντες θεοὶ δικαίας λιτὰς
ἡμετέρας, τελεῖθ' ὡς πόλις εὐτυχῇ,
δορίπονα κάκ' ἐκτρέποντες ἐς γᾶς
ἐπιμόλους· πύργων δ'
ἔκτοθεν βαλὼν
Ζεύς σφε κάνοι κεραυνῷ.

ΑΓΓΕΛΟΣ.

Τὸν ἕβδομον δὴ τόν τ' ἐφ' ἑβδόμαις πύλαις [2]
λέξω, τὸν αὐτοῦ σοῦ κασίγνητον, πόλει
οἵας ἀρᾶται καὶ κατεύχεται τύχας·
πύργοις ἐπεμβὰς κἀπικηρυχθεὶς χθονὶ,
ἁλώσιμον παιᾶν' ἐπεξιακχάσας,
σοὶ ξυμφέρεσθαι, καὶ κτανὼν θανεῖν πέλας,
ἢ ζῶντ' ἀτιμαστῆρα τώς σ' ἀνδρηλάτην
φυγῇ τὸν αὐτὸν τόνδε τίσασθαι τρόπον.

se tait, ou dit la vérité. Toutefois, s'il attaque la porte, Lasthène la défendra. Plein de haine pour ces étrangers, Lasthène a l'esprit d'un vieillard et le corps d'un jeune homme; son regard est prompt, et sa main n'est point lente à dégager sa lance de dessous son bouclier · mais les dieux seuls décident du succès des mortels.

LE CHOEUR. Dieux! touchés de nos justes prières, faites que cette ville triomphe, et détournez sur l'étranger tous les maux de la guerre: que Jupiter d'un coup de sa foudre les écrase devant nos remparts!

L'ENVOYÉ. Je vais nommer enfin celui que le sort a désigné le septième pour l'attaque de la septième porte; c'est ton frère. Quelles imprécations il lance contre cette ville! Monter au sommet de nos tours, se proclamer notre roi, entonner l'hymne de la victoire, te joindre, te donner et recevoir de toi la mort, ou, s'il faut que tu vives, se venger de son honteux bannissement par un exil qui te déshonore,

Ὅμως δὲ ἐπὶ αὐτῷ
ἀντιτάξομεν φῶτα
βίαν Λασθένους,
πυλωρὸν,
ἐχθρόξενον,
γέροντα τὸν νοῦν,
σάρκα δὲ ἡβῶσαν φύσει,
ὄμμα ποδῶκες·
οὐ δὲ βραδύνεται χεῖρα
ἁρπάσαι παρὰ ἀσπίδος
δόρυ γυμνωθέν.
Βροτοὺς δὲ εὐτυχεῖν
ἔστιν δῶρον θεοῦ.
ΧΟΡΟΣ. Θεοὶ κλύοντες
ἡμετέρας λιτὰς δικαίας,
τελεῖτε ὡς πόλις εὐτυχῇ,
ἐκτρέποντες
κακὰ δορίπονα
ἐς ἐπιμόλους γᾶς·
Ζεὺς δὲ βαλὼν σφε
κάνοι κεραυνῷ
ἔκτοθεν πύργων.
ΑΓΓΕΛΟΣ. Λέξω δὴ
τὸν ἕβδομον
τόν τε
ἐπὶ ἑβδόμαις πύλαις,
τὸν κασίγνητον σοῦ αὐτοῦ,
οἵας τύχας ἀρᾶται
καὶ κατεύχεται πόλει·
ἐπεμβὰς πύργοις
καὶ ἐπικηρυχθεὶς χθονὶ,
ἐπεξιακχάσας
παιᾶνα ἁλώσιμον,
ξυμφέρεσθαί σοι,
καὶ κτανὼν
θανεῖν πέλας,
ἢ τίσασθαι φυγῇ τῶς
τόνδε τὸν αὐτὸν τρόπον
σὲ ζῶντα ἀνδρηλάτην
ἀτιμαστῆρα.

Mais cependant contre lui
nous opposerons un mortel,
la force de Lasthène,
gardien-de-porte,
ennemi-des-étrangers,
vieillard par-l'esprit,
mais d'une-chair-jeune de-nature,
d'un œil prompt :
puis il-n'est-point-lent de la main
pour dégager de dessous *son* bouclier
sa-lance mise-à-nu.
Mais les mortels réussir
est un-présent d'un dieu.
LE CHOEUR. Dieux qui-entendez
nos prières justes,
faites que la ville réussisse,
détournant
les maux que-fait-la-lance
sur ceux-qui-envahissent *cette*-terre :
et *que* Jupiter frappant eux
les-tue de-*sa*-foudre
en-dehors des tours.
L'ENVOYÉ. Je dirai certes
le septième
et celui
placé à la septième porte,
le frère de toi-même,
quelles chances il prie
et souhaite contre la ville :
étant-monté sur-les-tours
et s'étant-proclamé à-*cette*-terre,
ayant-de-plus-entonné
un péan de-conquête,
il souhaite de joindre toi,
et t'ayant-tué,
de mourir près,
ou de punir par l'exil ainsi
de cette-même-manière-là
toi vivant qui-l'as-banni,
qui-l'as-deshonoré.

Τοιαῦτ' ἀϋτεῖ, καὶ θεοὺς γενεθλίους
καλεῖ πατρῴας γῆς, ἐποπτῆρας λιτῶν
τῶν ὧν γενέσθαι πάγχυ, Πολυνείκους βία.
Ἔχει δὲ καινοπηγὲς εὔθετον σάκος,
διπλοῦν τε σῆμα προσμεμηχανημένον.
Χρυσήλατον γὰρ ἄνδρα, τευχηστὴν ἰδεῖν,
ἄγει γυνή τις σωφρόνως ἡγουμένη.
Δίκη δ' ἄρ' εἶναί φησιν, ὡς τὰ γράμματα
λέγει· ΚΑΤΑΞΩ Τ' ΑΝΔΡΑ ΤΟΝΔΕ, ΚΑΙ ΠΟΛΙΝ
ΕΞΕΙ ΠΑΤΡῼΑΝ ΔΩΜΑΤΩΝ Τ' ΕΠΙΣΤΡΟΦΑΣ.
Τοιαῦτ' ἐκείνων ἐστὶ τἀξευρήματα.
Σὺ δ' αὐτὸς ἤδη γνῶθι τίνα πέμπειν δοκεῖς·
ὡς οὔποτ' ἀνδρὶ τῷδε [1] κηρυκευμάτων
μέμψει, σὺ δ' αὐτὸς γνῶθι ναυκληρεῖν πόλιν.

ΕΤΕΟΚΛΗΣ.

Ὦ θεομανές τε καὶ θεῶν μέγα στύγος,
ὦ πανδάκρυτον ἁμὸν Οἰδίπου γένος,
ᾤμοι! πατρὸς δὴ νῦν ἀραὶ τελεσφόροι.
Ἀλλ' οὔτε κλάειν, οὔτ' ὀδύρεσθαι πρέπει,
μὴ καὶ τεκνωθῇ δυσφορώτερος γόος [2].

voilà les vœux qu'il forme, et il en prend à témoin les dieux indigènes de sa patrie. Sur son bouclier, d'un travail récent et parfait, sont représentées deux figures : un guerrier ciselé en or, et une femme guidant modestement sa marche. *Je suis la Justice*, dit-elle dans la devise, *je ramènerai cet homme, je lui rendrai sa patrie et l'héritage de ses pères*. Tels sont les emblèmes de ces chefs. Vois donc sans tarder qui tu opposeras à ton frère. Tu n'auras jamais à te plaindre de mes rapports; mais c'est à toi de pourvoir au salut du vaisseau dont tu es le pilote.

ÉTÉOCLE. O race aveuglée par le ciel et haïe des dieux! race déplorable d'OEdipe! Hélas! aujourd'hui s'accomplissent les imprécations d'un père. Mais il ne convient pas de se répandre en plaintes et en larmes; n'engendrons point par notre exemple d'insupportables

Βία Πολυνείκους	La force de Polynice
ἀΰτεῖ τοιαῦτα,	crie de telles paroles,
καὶ καλεῖ θεοὺς γενεθλίους	et appelle les dieux indigènes
γῆς πατρῴας,	de la terre-de-ses-pères,
γενέσθαι	pour *eux* être
πάγχυ ἐποπτῆρας τῶν ὧν λιτῶν.	tout à fait surveillants de ses prières.
Ἔχει δὲ σάκος	Puis il a un bouclier
εὔθετον καινοπηγὲς,	bien-fait récemment-travaillé,
διπλοῦν τε σῆμα	et un double emblème
προσμεμηχανημένον.	artistement-ajouté.
Τὶς γὰρ γυνὴ ἄγει	Car une-certaine femme conduit
ἄνδρα χρυσήλατον,	un homme fait-en-or,
τευχηστὴν ἰδεῖν,	guerrier à-*le*-voir,
ἡγουμένη σωφρόνως.	*le*-guidant modestement.
Φησὶν δὲ ἄρα εἶναι Δίκη,	Et elle dit certes être la Justice,
ὡς τὰ γράμματα λέγει·	comme les lettres le disent :
Κατάξω τε τόνδε ἄνδρα,	*Et je ramènerai cet homme-ci,*
καὶ ἕξει πόλιν πατρῴαν	*et il aura la ville paternelle,*
ἐπιστροφάς τε	*et la jouissance à-son-tour*
δωμάτων.	*de* ses *palais.*
Τοιαῦτά ἐστι	Telles sont
τὰ ἐξευρήματα ἐκείνων.	les imaginations de ces-hommes.
Σὺ δὲ αὐτὸς ἤδη γνῶθι	Quant-à-toi-même déjà sache
τίνα δοκεῖς πέμπειν·	qui tu penses envoyer :
ὡς οὔποτε μέμψει	car jamais tu-ne-te-plaindras
τῷδε ἀνδρὶ κηρυκευμάτων,	à-cet-homme-ci de-ses-messages,
σὺ δὲ αὐτὸς γνῶθι	mais toi-même sache
ναυκληρεῖν πόλιν.	armer-le-vaisseau de la ville.
ΕΤΕΟΚΛΗΣ. Ὦ ἀμὸν γένος	ÉTÉOCLE. O ma race
Οἰδίπου	d'OEdipe
θεομανές τε	et aveuglée-par-les-dieux,
καὶ μέγα στύγος θεῶν,	et grand objet-de-haine des dieux,
ὦ πανδάκρυτον,	ô *race* toute-digne-de-larmes,
ὤμοι ! νῦν δὴ	hélas-à-moi! maintenant certes
ἀραὶ πατρὸς	les vœux d'un père
τελεσφόροι.	*sont-s'*accomplissant.
Ἀλλὰ πρέπει οὔτε κλάειν,	Mais il-*ne*-convient ni de pleurer,
οὔτε ὀδύρεσθαι,	ni de se-lamenter,
μὴ καὶ τεκνωθῇ	de peur qu'aussi *ne*-soit-engendrée
γόος δυσφορώτερος.	une lamentation plus insupportable.

Ἐπωνύμῳ δὲ κάρτα Πολυνείκει λέγω·
τάχ' εἰσόμεσθα τἀπίσημ' ὅπη τελεῖ,
εἴ νιν κατάξει χρυσότευκτα γράμματα,
ἐπ' ἀσπίδος φλύοντα σὺν φοίτῳ φρενῶν.
Εἰ δ' ἡ Διὸς παῖς παρθένος Δίκη παρῆν
ἔργοις ἐκείνου καὶ φρεσὶν, τάχ' ἂν τόδ' ἦν,
ἀλλ' οὔτε νιν φυγόντα μητρόθεν σκότον,
οὔτ' ἐν τροφαῖσιν, οὔτ' ἐφηβήσαντά πω,
οὔτ' ἐν γενείου ξυλλογῇ τριχώματος,
δίκη προσεῖδε καὶ κατηξιώσατο[1]·
οὐδ' ἐν πατρῴας μὴν χθονὸς κακουχίᾳ
οἶμαί νιν αὐτῷ νῦν παραστατεῖν πέλας.
Ἦ δῆτ' ἂν εἴη πανδίκως ψευδώνυμος
Δίκη, ξυνοῦσα φωτὶ παντόλμῳ φρένας.
Τούτοις πεποιθὼς εἶμι, καὶ ξυστήσομαι
αὐτός· τίς ἄλλος μᾶλλον ἐνδικώτερος[2];
ἄρχοντί τ' ἄρχων, καὶ κασιγνήτῳ κάσις
ἐχθρὸς ξὺν ἐχθρῷ στήσομαι. Φέρ' ὡς τάχος
κνημῖδας, αἰχμῆς καὶ πτερῶν προβλήματα.

lamentations. Pour toi, Polynice, qu'on a trop bien nommé, nous verrons bientôt à quoi te serviront tes emblèmes; et si ces insolentes devises, gravées en or sur ton bouclier, te ramèneront dans Thèbes. Peut-être t'y ramèneraient-elles, si la Justice, cette vierge fille de Jupiter, dirigeait ton cœur et ton bras; mais ni quand tu sortais des flancs ténébreux de ta mère, ni dans ton enfance, ni dans ta première jeunesse, ni depuis que la barbe ombrage ton menton, la Justice n'a daigné t'honorer d'un regard. Comment croire que pour la ruine de ta patrie elle combatte avec toi? Unie à un audacieux sans frein, certes ce serait bien injustement qu'elle serait nommée la Justice. Voilà ce qui fait ma confiance; et c'est moi qui marcherai contre toi, qui te combattrai moi-même; quel autre devrais-je choisir? Roi contre roi, frère contre frère, rival contre rival, ma place est marquée. Vite qu'on m'apporte mes cuissards, sauvegarde contre la lance et les flèches.

Λέγω δὲ Πολυνείκει
κάρτα ἐπωνύμῳ·
τάχα εἰσόμεσθα
ὅπη τελεῖ τὰ ἐπίσημα,
εἰ γράμματα χρυσότευκτα,
φλύοντα ἐπὶ ἀσπίδος
σὺν φοίτῳ φρενῶν,
κατάξει νιν.
Εἰ δὲ ἡ Δίκη παρθένος
παῖς Διὸς παρῆν
ἔργοις καὶ φρεσὶν ἐκείνου,
τάχα τόδε ἂν ἦν,
ἀλλὰ Δίκη προσεῖδε
καὶ κατηξιώσατό νιν
οὔτε φυγόντα σκότον
μητρόθεν,
οὔτε ἐν τροφαῖσιν,
οὔτε πω ἐφηβήσαντα,
οὔτε ἐν ξυλλογῇ
τριχώματος γενείου·
οὐδὲ οἶμαι μήν
νιν παραστατεῖν πέλας αὐτῷ
νῦν ἐν κακουχίᾳ
χθονὸς πατρῴας.
Ἦ δῆτα Δίκη ἂν εἴη
πανδίκως
ψευδώνυμος,
ξυνοῦσα φωτὶ
παντόλμῳ φρένας.
Πεποιθὼς τούτοις εἶμι,
καὶ ξυστήσομαι αὐτός·
τίς ἄλλος μᾶλλον
ἐνδικώτερος;
ξυστήσομαι
ἄρχων τε ἄρχοντι,
καὶ κάσις κασιγνήτῳ,
ἐχθρὸς ἐχθρῷ. Φέρε
ὡς τάχος
κνημῖδας, προβλήματα
αἰχμῆς καὶ πτερῶν.

Or je dis à Polynice
bien digne-de-son-nom :
bientôt nous saurons
où aboutissent *ses* emblèmes,
si des lettres gravées-en-or
extravagant sur *son*-bouclier
avec un délire d'esprit,
ramèneront lui.
Si la Justice vierge,
fille de Jupiter était-présente
aux actions et à l'esprit de lui,
peut-être cela serait-il,
mais la Justice *ne*-regarda
et *n'*honora lui
ni quand-il-fuyait les ténèbres
du-sein-de-*sa*-mère,
ni dans-*son*-éducation,
ni encore quand-il-fut-adolescent,
ni dans la-croissance-progressive
du poil de-*son*-menton ;
et je ne pense pas certes
elle devoir-se-tenir près de lui
maintenantdanslemauvais-traitement
qu'il-fait-essuyer à la terre-de-sa pa-
Ou certes la Justice serait [trie.
tout-à-fait-justement
portant-un-faux-nom,
étant-avec un mortel
capable-de-tout-oser par-*son*-esprit.
Plein-de-confiance en ces-choses, j'irai,
et je *le*-combattrai moi-même :
quel autre *est* davantage
y-ayant-plus-de-droits ?
Je combattrai-contre-lui,
et chef contre-chef,
et frère contre-frère,
ennemi contre-ennemi. Apporte-*moi*
comme vitesse *est possible*
des cuissards, remparts
de lance et de flèches.

ΧΟΡΟΣ.

Μή, φίλτατ' ἀνδρῶν, Οἰδίπου τέκος, γένῃ
ὀργὴν ὁμοῖος τῷ κάκιστ' αὐδωμένῳ·
ἀλλ' ἄνδρας Ἀργείοισι Καδμείους ἅλις
ἐς χεῖρας ἐλθεῖν· αἷμα γὰρ καθάρσιον.
Ἀνδροῖν δ' ὁμαίμοιν θάνατος ὧδ' αὐτοκτόνος,
οὐκ ἔστι γῆρας τοῦδε τοῦ μιάσματος.

ΕΤΕΟΚΛΗΣ.

Εἴπερ κακὸν φέρει τις, αἰσχύνης ἄτερ,
ἔστω· μόνον γὰρ κέρδος ἐν τεθνηκόσι·
κακῶν δὲ καἰσχρῶν οὔ τιν' εὔκλειαν ἐρεῖς.

ΧΟΡΟΣ.

(Στροφὴ α'.)

Καὶ μέμονας[1], τέκνον; μήτι σε θυμοπλη-
θὴς δορίμαργος ἄτα φερέτω· κακοῦ δ'
ἔκβαλ' ἔρωτος ἀρχάν.

ΕΤΕΟΚΛΗΣ.

Ἐπεὶ τὸ πρᾶγμα κάρτ' ἐπισπέρχει θεός,
ἴτω κατ' οὖρον κῦμα Κωκυτοῦ, λαχὸν
Φοίβῳ στυγηθὲν πᾶν τὸ Λαΐου γένος.

ΧΟΡΟΣ.

(Ἀντιστροφὴ α'.)

Ὠμοδακής σ' ἄγαν ἵμερος ἐξοτρύ-
νει πικρόκαρπον ἀνδροκτασίαν τελεῖν
αἵματος οὐ θεμιστοῦ.

LE CHOEUR. O le plus cher des hommes, fils d'OEdipe, ne ressemble point au plus exécré des mortels. C'est assez que les Thébains combattent les Argiens; leur sang peut se laver; mais un mutuel fratricide, ah ! c'est une souillure qui ne saurait vieillir.

ÉTÉOCLE. Tous les maux, sans la honte, je les accepterai; car l'honneur est le seul bien chez les morts. Mais tout souffrir, même la honte, tu ne diras pas que c'est glorieux.

LE CHOEUR. Tu persistes encore, ô mon fils! prends garde de te laisser emporter par la rage qui remplit ton cœur; retiens un mouvement criminel.

ÉTÉOCLE. Puisque les dieux hâtent l'événement, qu'elle vogue donc vers le Cocyte, au gré des vents qui la poussent, la race de Laïus, haïe d'Apollon.

LE CHOEUR. Une passion trop cruelle te pousse à verser un sang qui est sacré.

ΧΟΡΟΣ. Φίλτατε	LE CHOEUR. O le-plus-cher
ἀνδρῶν,	des hommes,
τέκος Οἰδίπου, μὴ γένῃ	fils d'OEdipe, ne-sois-pas
ὁμοῖος ὀργὴν	semblable de-caractère
τῷ αὐδωμένῳ	à celui-qui-est-apostrophé
κάκιστα·	par-les-plus-mauvaises-paroles :
ἀλλὰ ἅλις ἄνδρας Καδμείους	mais *c'est* assez des hommes Cadméens
ἐλθεῖν ἐς χεῖρας Ἀργείοισιν·	*en*-venir aux mains avec des Argiens :
αἷμα γὰρ καθάρσιον.	car *ce* sang *est* expiable.
Θάνατος δὲ ὧδε	Mais une mort ainsi
αὐτοκτόνος	mutuellement-homicide
ἀνδροῖν ὁμαίμοιν,	de-deux-hommes de-même-sang,
οὐκ ἔστι γῆρας	*il*-n'est-pas de vieillesse
τοῦδε τοῦ μιάσματος.	de cette souillure-là.
ΕΤΕΟΚΛΗΣ. Εἴπερ τις	ÉTÉOCLE. Si quelqu'un-certes
φέρει κακὸν, ἄτερ αἰσχύνης,	*m'*apporte du mal, sans honte,
ἔστω· κέρδος γὰρ μόνον	soit : car *cet*-avantage *est*-le-seul
ἐν τεθνηκόσιν·	parmi les morts ;
οὐ δὲ ἐρεῖς	mais tu ne diras pas
τινὰ εὔκλειαν	quelque gloire *être*
κακῶν καὶ αἰσχρῶν.	des-*choses*-mauvaises et honteuses.
ΧΟΡΟΣ. Καὶ μέμονας, τέκνον;	LE CHOEUR. Et tu persistes, *mon*-fils ?
ἄτα δορίμαργος	qu'une fatalité furieuse-de-combat
θυμοπληθὴς	pleine-de-colère
μήτι φερέτω σε·	n'emporte-nullement toi ;
ἔκβαλε δὲ ἀρχὰν	mais chasse un commencement
ἔρωτος κακοῦ.	de passion mauvaise.
ΕΤΕΟΚΛΗΣ. Ἐπεὶ θεὸς	ÉTÉOCLE. Puisqu'un dieu
ἐπισπέρχει κάρτα τὸ πρᾶγμα,	presse vivement l'affaire,
πᾶν τὸ γένος Λαΐου	que toute la race de Laïus
στυγηθὲν Φοίβῳ	haïe de Phébus
ἴτω κατὰ οὖρον	aille au-gré du vent
κῦμα Κωκυτοῦ	*vers*-le flot du Cocyte,
λαχόν.	l'ayant-en-partage.
ΧΟΡΟΣ. Ἵμερος	LE CHOEUR. Un désir
ἄγαν ὠμοδακὴς	trop mordant-au-vif
ἐξοτρύνει σε τελεῖν	pousse toi à accomplir
ἀνδροκτασίαν πικρόκαρπον	l'homicide aux-fruits-amers
αἵματος	d'un sang
οὐ θεμιστοῦ.	qu'il-n'est-pas-permis-de-verser.

ΕΤΕΟΚΛΗΣ.

Φίλου γάρ ἐχθρά μοι πατρὸς τέλει' Ἀρὰ
ξηροῖς ἀκλαύστοις ὄμμασιν προσιζάνει,
λέγουσα κέρδος πρότερον ὑστέρου μόρου.

ΧΟΡΟΣ.

(Στροφὴ β').

Ἀλλὰ σὺ μὴ 'ποτρύνου. Κακὸς οὐ κεκλή-
σει, βίον εὖ κυρήσας· μελαναιγὶς οὐκ
εἶσι δόμους Ἐριννὺς, ἐκ χερῶν ὅταν
θεοὶ θυσίαν δέχωνται.

ΕΤΕΟΚΛΗΣ

Θεοῖς μὲν ἤδη πως παρημελήμεθα,
χάρις δ' ἀφ' ἡμῶν ὀλομένων θαυμάζεται·
τί οὖν ἔτ' ἂν σαίνοιμεν ὀλέθριον μόρον;

ΧΟΡΟΣ.

(Ἀντιστροφὴ β'.)

Νῦν ὅτε σοι παρέστακεν· ἐπεὶ δαίμων,
λήματος ἐν τροπαίᾳ χρονίᾳ μεταλ-
λακτος, ἴσως ἂν ἔλθοι θαλερωτέρῳ
πνεύματι· νῦν δ' ἔτι ζεῖ.

ΕΤΕΟΚΛΗΣ.

Ἐξέζεσεν γὰρ Οἰδίπου κατεύγματα·
ἄγαν δ' ἀληθεῖς ἐνυπνίων φαντασμάτων
ὄψεις, πατρῴων χρημάτων δατήριοι.

ΧΟΡΟΣ.

Πείθου γυναιξὶ, καίπερ οὐ στέργων ὅμως.

ÉTÉOCLE. L'imprécation flétrissante d'un père s'accomplit; l'œil sec et sans larmes, elle approche en me disant que la mort la plus prompte est la meilleure.

LE CHOEUR. Mais ne précipite point l'instant fatal : pour avoir conservé ta vie innocente, tu n'auras point le nom de lâche. La noire Erinnys n'entre point chez ceux dont les dieux agréent les sacrifices.

ÉTÉOCLE. Les dieux !..... ah ! depuis longtemps ils nous ont rejetés : notre ruine seule peut leur plaire; reculerais-je donc devant le sort qui veut me perdre ?

LE CHOEUR. Oui, maintenant qu'il te presse. Peut-être avec le temps le démon de la haine soufflera-t-il sur toi d'un souffle plus doux; mais aujourd'hui ce souffle est brûlant.

ÉTÉOCLE. Ce sont les imprécations d'OEdipe dont le souffle me brûle; des songes trop véridiques m'ont montré comment doit se partager l'héritage paternel.

LE CHOEUR. Obéis à des femmes, quoique ce ne soit pas ton habitude.

ΕΤΕΟΚΛΗΣ. Ἀρὰ γὰρ	ÉTÉOCLE. Car l'imprécation
τέλεια φίλου πατρὸς	qui-s'accomplit de *mon* cher père
ἐχθρά μοι προσιζάνει	ennemie à moi se-tient-près
ὄμμασιν ξηροῖς ἀκλαύστοις,	avec des yeux secs sans-larmes,
λέγουσα πρότερον	disant la-*mort*-qui prévient
μόρου ὑστέρου	une mort qui-doit-venir-plus-tard
κέρδος.	*être* un gain.
ΧΟΡΟΣ. Ἀλλά συ	LE CHOEUR. Mais toi
μὴ ἐποτρύνου.	ne te-presse-pas.
Οὐ κεκλήσει κακὸς,	Tu ne seras point appelé lâche,
κυρήσας εὖ βίον·	ayant-gardé-bien *ta*-vie :
Ἐριννὺς μελαναιγὶς	Érinnys à-la-noire-égide
οὐκ εἶσι δόμους,	n'entre-pas dans-les-maisons,
ὅταν θεοὶ	lorsque les dieux
δέχωνται θυσίαν	agréent un sacrifice *offert*
ἐκ χερῶν.	par les mains *de leurs habitants*.
ΕΤΕΟΚΛΗΣ. Ἤδη μέν πως	ÉTÉOCLE. Déjà en-quelque-sorte
παρημελήμεθα θεοῖς,	nous-avons-été-négligés par-les-dieux,
χάρις δὲ θαυμάζεται	et un hommage est-apprécié *par eux*
ἀπὸ ἡμῶν ὀλομένων·	*venu*-de-nous étant-morts :
τί οὖν ἂν σαίνοιμεν ἔτι	pourquoi donc flatterions-nous encore
μόρον ὀλέθριον;	un destin funeste?
ΧΟΡΟΣ. Νῦν	LE CHOEUR. *Flatte-le* maintenant
ὅτε παρέστακέν σοι·	lorsqu'il se-tient-près-de-toi :
ἐπεὶ δαίμων μετάλλακτος	car *ce* dieu qui-peut-changer
ἐν τροπαίᾳ λήματος	par une-révolution de volonté,
χρονίᾳ,	ouvrage-du-temps,
ἴσως ἂν ἔλθοι	peut-être viendra
πνεύματι θαλερωτέρῳ·	avec-un-souffle plus-doux :
νῦν δὲ ἔτι	mais maintenant encore
ζεῖ.	il-est-tout-en-feu.
ΕΤΕΟΚΛΗΣ. Ἐξέζεσεν γὰρ	ÉTÉOCLE. *Oui, elles*-sont-tout-en-feu
κατεύγματα Οἰδίπου·	les imprécations d'OEdipe ;
ἄγαν δὲ ἀληθεῖς ὄψεις	et trop véritables *sont* les visions
φαντασμάτων ἐνυπνίων,	de fantômes vus-en-songe,
δατήριοι	faisant-le-partage
χρημάτων πατρῴων.	des richesses paternelles.
ΧΟΡΟΣ. Πείθου γυναιξὶ,	LE CHOEUR. Crois-en des femmes,
καίπερ οὐ στέργων	quoique n'aimant pas
ὅμως.	pourtant *à le faire*.

ΕΤΕΟΚΛΗΣ.

Λέγοιτ' ἂν ὧν ἄνη τις· οὐ δὲ χρὴ μακράν.

ΧΟΡΟΣ.

Μὴ ἔλθῃς ὁδοὺς σὺ τάσδ' ἐφ' ἑβδόμαις πύλαις.

ΕΤΕΟΚΛΗΣ.

Τεθηγμένον τοί μ' οὐκ ἀπαμβλυνεῖς λόγῳ.

ΧΟΡΟΣ.

Νίκην γε μέντοι καὶ κακὴν τιμᾷ θεός.

ΕΤΕΟΚΛΗΣ.

Οὐκ ἄνδρ' ὁπλίτην τοῦτο χρὴ στέργειν ἔπος.

ΧΟΡΟΣ.

Ἀλλ' αὐτάδελφον αἷμα δρέψασθαι θέλεις;

ΕΤΕΟΚΛΗΣ.

Θεῶν διδόντων, οὐκ ἂν ἐκφύγοι κακά.

ΧΟΡΟΣ.

(Στροφὴ α'.)

Πέφρικα τὰν ὠλεσίοι-
κον θεὸν, οὐ θεοῖς ὁμοί-
αν, παναληθῆ, κακόμαν-
τιν πατρὸς εὐκταίαν Ἐριν-
νὺν τελέσαι τὰς περιθύμους κατάρας
βλαψίφρονος[1] Οἰδιπόδα.
Παιδολέτωρ ἔρις ἅδ' ὀτρύνει.

(Ἀντιστροφὴ α'.)

Ξένος δὲ κλήρους ἐπινω-
μᾷ χάλυβος Σκυθῶν ἄποι-
κος, κτεάνων χρηματοδαί-

ÉTÉOCLE. Conseillez-moi des choses que je puisse faire; et soyez brèves.

LE CHOEUR. Ne te dirige pas vers la septième porte.

ÉTÉOCLE. Je suis résolu : vous ne m'arrêterez point.

LE CHOEUR. Honorable ou non, les dieux honorent la victoire.

ÉTÉOCLE. Un soldat n'aime point ce langage.

LE CHOEUR. Mais tu veux donc verser le sang d'un frère?...

ÉTÉOCLE. Si les dieux me secondent, sa mort est certaine.

LE CHOEUR. Je frissonne.... La déesse destructrice des familles, déesse si différente des autres dieux, cette infaillible et sinistre prophétesse, Erinnys, furie implacable d'un père, va sans doute accomplir les terribles imprécations qu'OEdipe lança dans sa fureur. Cette querelle en hâte l'effet en poussant ses fils à leur perte.

Le fer, hôte cruel, que le Chalybe nous amena de Scythie, va décider de leur sort; odieux distributeur des héritages, de tant de vastes

ΕΤΕΟΚΛΗΣ. Λέγοιτε ἂν	ÉTÉOCLE. Dites *des choses*
ὧν τις ἄνῃ·	dont quelque exécution *soit possible*.
οὐ δὲ χρὴ	mais il ne faut pas
μακράν.	*dire*-longuement.
ΧΟΡΟΣ. Μὴ ἔλθῃς σὺ	LE CHOEUR. Ne va pas toi
τάσδε ὁδοὺς	dans ces routes-ci
ἐπὶ ἑβδόμαις πύλαις.	*qui-sont*-à la septième porte.
ΕΤΕΟΚΛΗΣ. Τοὶ λόγῳ	ÉTÉOCLE. Certes par-*tes*-paroles
οὐκ ἀπαμβλυνεῖς	tu n'émousseras pas
με τεθηγμένον.	moi aiguisé.
ΧΟΡΟΣ. Μέντοι γε θεὸς	LE CHOEUR. Pourtant certes un dieu
τιμᾷ νίκην	honore la victoire
καὶ κακήν.	même mauvaise.
ΕΤΕΟΚΛΗΣ. Οὐ χρὴ	ÉTÉOCLE. Il ne faut pas
ἄνδρα ὁπλίτην	un homme armé
στέργειν τοῦτο ἔπος.	aimer cette parole.
ΧΟΡΟΣ. Ἀλλὰ θέλεις	LE CHOEUR. Mais veux-tu
δρέψασθαι αἷμα	recueillir le sang
αὐτάδελφον;	de-ton-propre-frère?
ΕΤΕΟΚΛΗΣ. Θεῶν διδόντων,	ÉTÉOCLE. Les dieux *l'*accordant,
οὐκ ἂν ἐκφύγοι κακά.	il n'échappera pas aux maux.
ΧΟΡΟΣ. Πέφρικα	LE CHOEUR. Je frissonne
τὰν θεὸν	la déesse
ὠλεσίοικον,	qui perd-les-familles,
οὐχ ὁμοίαν	non semblable
θεοῖς,	aux dieux,
Ἐριννὺν	Érinnys
εὐκταίαν πατρὸς	appelée-par-les-vœux d'un père
παναληθῆ,	toute-vraie,
κακόμαντιν	prophétesse de maux
τελέσαι	avoir-accompli
τὰς κατάρας περιθύμους	les imprécations furieuses
Οἰδιπόδα βλαψίφρονος.	d'OEdipe insensé.
Ἅδε ἔρις	Cette-querelle-ci
παιδολέτωρ	destructrice-de-*ses*-fils
ὀτρύνει.	presse *l'événement*.
Χάλυβος δὲ ξένος	L'acier étranger
ἄποικος Σκυθῶν,	venu de-chez-les-Scythes,
χρηματοδαίτας κτεάνων,	opérant-le-partage des biens,

τας, πικρὸς ὠμόφρων σίδα-
ρος, χθόνα ναίειν διαπήλας, ὁπόσαν
καὶ φθιμένους[1] ἂν κατέχειν,
τῶν μεγάλων πεδίων ἀμοίρους.

(Στροφὴ β'.)

Ἐπειδὰν αὐτοκτόνως
αὐτοδαΐκτως θάνωσι,
καὶ χθονία κόνις πίῃ
μελαμπαγὲς αἷμα φοίνιον,
τίς ἂν καθαρμοὺς πόροι;
τίς ἄν σφε λούσειεν; Ὦ
πόνοι δόμων νέοι παλαι-
οῖσι συμμιγεῖς κακοῖς!

(Ἀντιστροφὴ β'.)

Παλαιγενῆ γὰρ λέγω
παραβασίαν ὠκύποινον·
αἰῶνα δ' ἐς τρίτον μένει.
Ἀπόλλωνος εὖτε Λάϊος
βίᾳ, τρὶς εἰπόντος ἐν
μεσομφάλοις Πυθικοῖς
χρηστηρίοις, θνάσκοντα γέν-
νας ἄτερ, σώζειν πόλιν,

(Στροφὴ γ'.)

Κρατηθεὶς δ' ἐκ φίλων ἀβουλίαις
ἐγείνατο μὲν μόρον αὐτῷ,
πατροκτόνον Οἰδιπόδαν,

possessions, il ne leur laissera que ce qu'il faut de terre pour les recouvrir morts.

Lorsque mutuellement percés d'un coup mortel, ils auront succombé; lorsqu'une fois la terre se sera abreuvée de leur sang, qui jamais expiera, qui jamais lavera ce forfait? O malheur nouveau, qui se joint aux maux anciens de cette maison!

J'appelle mal ancien cette faute de Laïus sitôt punie sur lui, et maintenant poursuivie sur sa troisième génération. En vain du fond du sanctuaire situé au centre de la terre, Apollon trois fois lui avait dit que pour sauver Thèbes, il lui fallait mourir sans enfants.

Cédant aux imprudents conseils de ses amis, il enfanta sa propre perte, le parricide OEdipe, qui fécondant le chaste sein où il avait été

σίδαρος ὠμόφρων πικρὸς,	le fer cruel amer,
διαπήλας ναίειν	*leur*-distribuant à-habiter
χθόνα,	de la terre,
ὁπόσαν καὶ φθιμένους,	autant-que *eux*-morts,
ἀμοίρους τῶν μεγάλων πεδίων,	privés de-*leurs*-grands domaines,
ἂν κατέχειν,	*en-pourront* occuper,
ἐπινωμᾷ κλήρους.	règle les lots.
Ἐπειδὰν θάνωσιν	Lorsqu'ils seront-morts
αὐτοδαΐκτως	s'étant-déchirés-mutuellement,
αὐτοκτόνως,	s'étant-entre-tués,
καὶ κόνις χθονία	et *que* la poussière de-la-terre
πίῃ αἷμα	aura-bu *leur* sang
φοίνιον	versé-par-le-meurtre
μελαμπαγὲς,	noir-et-figé,
τίς ἂν πόροι	qui fournira
καθαρμούς;	des expiations?
τίς ἂν λούσειέν σφε;	qui lavera eux?
Ὦ πόνοι νέοι	Ô souffrances nouvelles
δόμων	de *cette* maison
συμμιγεῖς	mêlées
κακοῖς παλαιοῖσι!	à des maux anciens!
Λέγω γὰρ	Car je dis
παραβασίαν	une faute
παλαιγενῆ	ancienne
ὠκύποινον·	promptement-punie :
μένει δὲ	et elle dure
ἐς τρίτον αἰῶνα.	jusqu'à la troisième-génération.
Εὖτε Λάϊος	Lorsque Laïus
βίᾳ Ἀπόλλωνος,	en dépit d'Apollon
εἰπόντος τρὶς	qui-*lui*-dit trois-fois
ἐν χρηστηρίοις	dans les oracles,
Πυθικοῖς μεσομφάλοις,	de-Pytho-située-au-centre-de-la-terre
σώζειν πόλιν	de sauver la ville
θνάσκοντα	en-mourant
ἄτερ γέννας,	sans progéniture,
κρατηθεὶς δὲ	mais vaincu
ἀβουλίαις	par d'imprudents-conseils
ἐκ φίλων, ἐγείνατο μὲν	d'amis, il enfanta
μόρον αὑτῷ,	*sa* perte à lui-même,
Οἰδιπόδαν πατροκτόνον,	OEdipe parricide,

ὅστε ματρὸς ἁγνὰν[1]
σπείρας ἄρουραν, ἵν' ἐτράφη,
ῥίζαν αἱματόεσσαν
ἔτλα. Παράνοια συνᾶγε
νυμφίους φρενώλεις·

(Ἀντιστροφὴ γ'.)

Κακῶν δ' ὥσπερ θάλασσα κῦμ' ἄγει·
τὸ μὲν πιτνόν[2]· ἄλλο δ' ἀείρει
τρίχαλον, ὃ καὶ περὶ πρύ-
μναν πόλεως καχλάζει.
Μεταξὺ δ' ἀλκὰ δι' ὀλίγου
τείνει πύργος ἐν εὔρει.
Δέδοικα δὲ σὺν βασιλεῦσι
μὴ πόλις δαμασθῇ.

(Στροφὴ δ'.)

Τέλειαι γὰρ παλαίφατοι ἀραὶ,
βαρεῖαι καταλλαγαί·
τὰ δ' ὀλοὰ τελλόμεν' οὐ παρέρχεται.
Πρόπρυμνα δ' ἐκβολὰν φέρει
ἀνδρῶν ἀλφηστᾶν
ὄλβος ἄγαν παχυνθείς.

(Ἀντιστροφὴ δ'.)

Τίν' ἀνδρῶν γὰρ τοσόνδ' ἐθαύμασαν
θεοὶ, καὶ ξυνέστιοι
πόλεως πουλύβοτός τ' αἰὼν βροτῶν,
ὅσον τότ' Οἰδίπουν τίον,
ἀναρπαξάνδραν
κῆρ' ἀφελόντα χώρας;

conçu, y fit germer une race sanguinaire. Époux insensés! quelle fureur vous unissait?

Les flots d'une mer d'infortunes nous assiégent : quand l'un retombe, l'autre, plus redoutable, s'élève et mugit contre la poupe du navire. Un faible rempart reste entre nous et la mort, et je crains bien que Thèbes ne succombe avec ses rois.

Elle doit s'accomplir, l'antique imprécation qui appelait un funeste accord : une fois ouverte, la source des maux ne tarit plus. En vain un mortel avide entasse-t-il les trésors sur son navire, il faudra bientôt qu'il l'allége.

Qui jamais fut plus admiré des dieux, des citoyens de cette ville et de la nombreuse génération des humains; qui en fut jamais plus honoré qu'OEdipe, lorsqu'il délivra son pays d'un fléau destructeur?

ὅστε	lequel
ἔτλα σπείρας	supporta ayant semé (osa semer)
ἁγνὰν ἄρουραν ματρὸς,	*dans*-le-chaste-champ-de-*sa*-mère,
ἵνα ἐτράφη,	où il avait-été-nourri,
ῥίζαν αἱματόεσσαν.	une souche sanglante.
Παράνοια συνᾶγε	Le délire réunit
νυμφίους φρενώλεις	*ces* époux insensés;
ἄγει δὲ	et-il amène
κῦμα κακῶν,	des flots de maux,
ὥσπερ θάλασσα·	comme un mer :
τὸ μὲν πιτνόν·	l'un *de ces flots* est-tombé;
ἄλλο δὲ ἀείρει	mais un autre s'élève
τρίχαλον,	le plus-terrible
ὃ καὶ καχλάζει	lequel aussi gronde
περὶ πρύμναν πόλεως.	autour de la poupe de la ville.
Μεταξὺ δὲ τείνει	Et entre *le-flot et nous* s'étend
πύργος ἀλκὰ	une tour ressource
διὰ ὀλίγου ἐν εὔρει.	de-peu en-largeur.
Δέδοικα δὲ	Or je crains
μὴ πόλις δαμασθῇ	que la ville ne soit abattue
σὺν βασιλεῦσι.	avec *ses*-rois.
Τέλειαι γὰρ	Car *elles-vont*-s'accomplissant
ἀραὶ	les imprécations
παλαίφατοι	autrefois-prononcées
βαρεῖαι καταλλαγαί·	funestes réconciliations;
τὰ δὲ ὀλοὰ	et les-choses-funestes
τελλόμενα	*une-fois-qu'elles-ont* paru
οὐ παρέρχεται.	ne passent pas.
Ὄλβος δὲ ἀνδρῶν ἀλφηστᾶν	La richesse d'hommes avides
ἄγαν παχυνθεὶς	étant-trop-entassée,
φέρει ἐκβολὰν πρόπρυμνα.	amène l'action-de-rejeter-de-la-poupe.
Τίνα γὰρ ἀνδρῶν	Car lequel des hommes
θεοὶ, καὶ ξυνέστιοι	les dieux, et les habitants
πόλεως,	de cette ville, et le temps
αἰών τε πουλύβοτος βροτῶν,	qui-nourrit-beaucoup-de-mortels,
ἐθαύμασαν τοσόνδε,	admirèrent-ils autant,
ὅσον τότε τίον Οἰδίπουν,	qu'alors ils honoraient OEdipe,
ἀφελόντα χώρας	qui-avait-fait-disparaître du pays
κῆρα	un fléau
ἀναρπαξάνδραν;	ravisseur-d'hommes?

(Στροφὴ ε'.)

Ἐπεὶ δ' ἀρτίφρων
ἐγένετο μέλεος ἀθλίων
γάμων, ἐπ' ἄλγει δυσφορῶν
μαινομένᾳ κραδίᾳ
δίδυμα κάκ' ἐτέλεσεν [1]·
πατροφόνῳ χερὶ τῶν
κρεισσοτέκνων ὀμμάτων ἐπλάγχθη,

(Ἀντιστροφὴ ε'.)

Τέκνοις δ' ἀραίας
ἐφῆκεν ἐπικότους τροφᾶς [2]
(αἶ αἶ!) πικρογλώσσους ἀράς,
καί σφε σιδαρονόμῳ [3]
διὰ χερί ποτε λαχεῖν
κτήματα. Νῦν δὲ τρέω
μὴ τελέσῃ καμψίπους [4] Ἐριννύς.

ΑΓΓΕΛΟΣ.

Θαρσεῖτε, παῖδες μητέρων τεθραμμέναι [5].
Πόλις πέφευγεν ἥδε δούλειον ζυγόν·
πέπτωκεν ἀνδρῶν ὀβρίμων κομπάσματα·
πόλις δ' ἐν εὐδίᾳ τε καὶ κλυδωνίου
πολλαῖσι πληγαῖς ἄντλον οὐκ ἐδέξατο.
Στέγει δὲ πύργος, καὶ πύλας φερεγγύοις
ἐφραξάμεσθα μονομάχοισι προστάταις.
Καλῶς ἔχει τὰ πλεῖστ' ἐν ἓξ πυλώμασι·
τὰς δ' ἑβδόμας ὁ σεμνὸς ἑβδομαγέτας [6]

Mais lorsque l'infortuné se fut éclairé sur son déplorable hymen, furieux, désespéré, il ajouta deux malheurs à ses maux : de la même main qui avait tué son père, il se priva de la vue, ce bien plus cher à l'homme que ses propres enfants;

Et chargeant ses fils d'imprécations cruelles, furieux de les avoir nourris, il leur souhaita que le fer réglât un jour leur partage. Je crains bien que la prompte Érinnys n'ait déjà accompli ces vœux.

L'ENVOYÉ. Rassurez-vous, enfants, tendres nourrissons de vos mères : Thèbes échappe au joug de l'esclavage. Elles sont tombées, les bravades de ces guerriers orgueilleux ; et la ville a retrouvé le calme, et ce navire tant battu des flots ne s'est point entr'ouvert. Nos remparts ont résisté, et nos portes ont été munies de guerriers capables de les défendre. Aux six premières, tout a réussi; mais à la septième s'est trouvé l'auguste *Hebdomagète*, le divin Apollon; et sur

Ἐπεὶ δὲ μέλεος	Mais lorsque le malheureux
ἐγένετο ἀρτίφρων	devint ayant-conscience
ἀθλίων γάμων	de *son* fâcheux hymen,
δυσφορῶν ἐπὶ ἄλγει	indigné de douleur,
κραδίᾳ μαινομένᾳ	avec-un-cœur furieux,
ἐτέλεσεν	il accomplit
δίδυμα κακά·	deux-malheurs :
χερὶ πατροκτόνῳ	de la main qui-avait-tué-son-père
ἐπλάγχθη τῶν ὀμμάτων	il-se-priva des yeux
κρεισσοτέκνων,	plus-chers-que-des-enfants,
ἐφῆκεν δὲ τέκνοις	et lança sur ses fils
(αἶ αἴ !) ἀρὰς	(hélas ! hélas !) des imprécations
πικρογλώσσους	au-langage-amer,
ἀραίας ἐπικότους	maudites irritées- [*née*,
τροφᾶς,	de-l'éducation *qu'il-leur avait don-*
καί σφέ ποτε	et *souhaita* eux un-jour
διαλαχεῖν κτήματα	partager *leurs*-biens
χερὶ	d'une main
σιδαρονόμῳ.	faisant-les-parts-avec-le-fer.
Νῦν δὲ τρέω	Or maintenant je tremble
μὴ Ἐριννὺς καμψίπους	qu'Érinnys aux-pieds-flexibles
τελέσῃ.	*n*'ait accompli *ce vœu*.
ΑΓΓΕΛΟΣ. Θαρσεῖτε,	L'ENVOYÉ. Rassurez-vous,
παῖδες τεθραμμέναι μητέρων.	filles nourries-par-*vos*-mères.
Ἥδε πόλις πέφευγεν	Cette ville-ci a échappé
ζυγὸν δούλειον·	au-joug de-l'esclavage :
κομπάσματα ἀνδρῶν ὀβρίμων	les bravades d'hommes violents
πέπτωκεν· πόλις δὲ	sont tombées ; et la ville
ἐν εὐδίᾳ τε	et *est* dans le calme,
καὶ οὐκ ἐδέξατο ἄντλον	et n'a pas pris-eau
πολλαῖσι πληγαῖς	par les nombreux coups
κλυδωνίου.	de la vague.
Πύργος δὲ στέγει,	Puis la tour résiste,
καὶ ἐφραξάμεσθα πύλας	et nous avons muni les portes
προστάταις φερεγγύοις	de défenseurs suffisants
μονομάχοισι.	combattant-un-contre-un.
Τὰ πλεῖστα	La-plupart-*des-choses*
ἔχει καλῶς	vont bien
ἐν ἓξ πυλώμασι·	à six portes :
ὁ δὲ σεμνὸς ἑβδομαγέτας,	mais l'auguste hebdomagète,

4.

ἄναξ Ἀπόλλων εἷλετ', Οἰδίπου γένει
κραίνων παλαιὰς Λαΐου δυσβουλίας.

ΧΟΡΟΣ.

Τί δ' ἐστὶ πρᾶγος νεόκοτον πόλει παρόν;

ΑΓΓΕΛΟΣ.

Ἄνδρες τεθνᾶσιν ἐκ χερῶν αὐτοκτόνων.

ΧΟΡΟΣ.

Τίνες; τί δ' εἶπας; Παραφρονῶ φόβῳ λόγου.

ΑΓΓΕΛΟΣ.

Φρονοῦσα νῦν ἄκουσον· Οἰδίπου γένος.

ΧΟΡΟΣ.

Οἲ ἐγὼ τάλαινα! μάντις εἰμὶ τῶν κακῶν.

ΑΓΓΕΛΟΣ.

Οὐδ' ἀμφιλέκτως μὴν κατεσποδημένοι.

ΧΟΡΟΣ.

Ἐκεῖθι κἦλθον; βαρέα δ' οὖν, ὅμως φράσον.

ΑΓΓΕΛΟΣ.

Οὕτως ἀδελφαῖς χερσὶν ἠναίροντ' ἄγαν.

ΧΟΡΟΣ.

Οὕτως ὁ δαίμων κοινὸς ἦν ἀμφοῖν ἅμα.

ΑΓΓΕΛΟΣ.

Αὐτὸς δ' ἀναλοῖ δῆτα δύσποτμον γένος.
Τοιαῦτα χαίρειν καὶ δακρύεσθαι πάρα,
πόλιν μὲν εὖ πράσσουσαν· οἱ δ' ἐπιστάται,

la race d'OEdipe, il s'y est vengé de l'ancienne imprudence de Laïus.

LE CHOEUR. Quels nouveaux coups ont donc frappé Thèbes?

L'ENVOYÉ. Thèbes est sauvée, mais ils se sont mutuellement donné la mort.

LE CHOEUR. Qui donc? que dis-tu? tes paroles me mettent hors de moi.

L'ENVOYÉ. Calme-toi et écoute-moi; les fils d'OEdipe..

LE CHOEUR. Malheureuse! je devine nos malheurs.

L'ENVOYÉ. C'en est fait, renversés dans la poussière...

LE CHOEUR. Ils ont osé!... quelle horreur! achève toutefois.

L'ENVOYÉ. Il n'est que trop vrai, de leurs mains fraternelles ils se sont entre-tués.

LE CHOEUR. Ainsi le même destin leur était réservé.

L'ENVOYÉ. Le destin a détruit à jamais une race infortunée. Nous devons donc à la fois nous réjouir et pleurer : notre ville triomphe; mais ses deux chefs, ses deux princes, ont partagé avec le fer, trempé

ἄναξ Ἀπόλλων,	le souverain Apollon
εἵλετο	s'est emparé
τὰς ἑβδόμας,	de la septième,
κραίνων	accomplissant
γένει Οἰδίπου	sur la race d'OEdipe
παλαιὰς δυσβουλίας	*le châtiment*-des anciennes témérités
Λαΐου.	de Laïus.
ΧΟΡΟΣ. Τί δέ ἐστι	LE CHOEUR. Quelle est
πρᾶγος νεόκοτον	l'affaire nouvelle
παρὸν πόλει;	arrivant à la ville?
ΑΓΓΕΛΟΣ. Ἄνδρες	L'ENVOYÉ. Des hommes
τεθνᾶσιν	sont morts
ἐκ χερῶν	de mains
αὐτοκτόνων.	mutuellement-homicides.
ΧΟΡΟΣ. Τίνες;	LE CHOEUR. Quels-*hommes?*
τί δὲ εἶπας;	et qu'as-tu dit?
Παραφρονῶ	je suis-hors-de-moi
φόβῳ λόγου.	par la crainte de *tes*-paroles.
ΑΓΓΕΛΟΣ. Φρονοῦσα	L'ENVOYÉ. Te-possédant
νῦν ἄκουσον·	maintenant écoute :
γένος Οἰδίπου	la race d'OEdipe.
ΧΟΡΟΣ. Οἴ	LE CHOEUR. Hélas!
ἐγὼ τάλαινα!	moi malheureuse!
εἰμὶ μάντις	je suis prophétesse
τῶν κακῶν.	de-*ces*-malheurs.
ΑΓΓΕΛΟΣ. Κατεσποδημένοι	L'ENVOYÉ. Renversés-dans-la-poussière
οὐδὲ μὴν	et-non certes
ἀμφιλέκτως.	d'une-manière-douteuse.
ΧΟΡΟΣ. Καὶ ἦλθον ἐκεῖθι;	LE CHOEUR. *En*-sont-ils-venus là?
βαρέα δὲ οὖν, φράσον ὅμως.	choses-pénibles certes, dis pourtant
ΑΓΓΕΛΟΣ. Οὕτως ἠναίροντο	L'ENVOYÉ. Ainsi se-sont-tués
ἄγαν	trop-réellement
χερσὶν ἀδελφαῖς.	de *leurs*-mains fraternelles.
ΧΟΡΟΣ. Οὕτως ὁ δαίμων	LE CHOEUR. Ainsi le destin
ἦν κοινὸς ἀμφοῖν ἅμα.	était commun à tous-deux ensemble.
ΑΓΓΕΛΟΣ. Αὐτὸς δὲ δῆτα	L'ENVOYÉ. Et lui-même certes
ἀναλοῖ γένος δύσποτμον.	détruit une race infortunée.
Πάρα χαίρειν καὶ δακρύεσθαι	Il-y-a-lieu de se réjouir et de pleurer
πόλιν μὲν εὖ πράσσουσαν·	la ville d'une-part étant-sauvée :
οἱ δὲ ἐπιστάται,	d'un-autre-côté les chefs

δισσὼ στρατηγὼ, διέλαχον σφυρηλάτῳ
Σκύθῃ σιδήρῳ κτημάτων παμπησίαν.
Ἕξουσι δ' ἣν λάβωσιν[1] ἐν ταφῇ χθονὸς,
πατρὸς κατ' εὐχὰς δυσπότμους φορούμενοι.
Πόλις σέσωσται· βασιλέοιν δ' ὁμοσπόροιν
πέπωκεν αἷμα γαῖ' ὑπ' ἀλλήλων φόνῳ.

ΧΟΡΟΣ.

Ὦ μεγάλε Ζεῦ καὶ πολιοῦχοι
δαίμονες, οἳ δὴ Κάδμου πύργους
τούσδε ῥύεσθε,
πότερον χαίρω[2], κἀπολολύξω
ἀσινεῖ σωτῆρι πόλεως,
ἢ τοὺς μογεροὺς καὶ δυσδαίμονας
ἀτέκνους κλαύσω πολεμάρχους;
οἳ δῆτ' ὀρθῶς κατ' ἐπωνυμίαν
καὶ πολυνεικεῖς
ὤλοντ' ἀσεβεῖ διανοίᾳ.

(Στροφή.)

Ὦ μέλαινα καὶ τελεία
γένεος Οἰδίπου τ' ἀρὰ[3],
κακόν με καρδίαν τι περιπιτνεῖ κρύος·
ἔτευξα τύμβῳ μέλος
θυιὰς, αἱματοσταγεῖς
νεκροὺς κλύουσα δυσφόρως
θανόντας. Ἦ δύσορνις ἅ-
δε ξυναυλία δορός.

chez le Scythe, leurs vastes possessions; et selon les funestes vœux de leur père, ils ne garderont de tant de terres que juste ce qu'il en faut pour un tombeau. Thèbes est sauvée; mais les deux rois qu'avait conçus le même sein ont mutuellement abreuvé la terre de leur sang.

LE CHOEUR. O grand Jupiter! ô dieux tutélaires qui avez défendu les remparts de Cadmus! Dois-je me réjouir et célébrer par un chant joyeux la victoire qui sauve cette ville, ou pleurer de tristes et malheureux princes, morts sans postérité? Bien dignes de leur nom, vrais *Polynices*, une fureur impie les a perdus.

O noire et funeste imprécation d'un père contre ses fils! un froid mortel a glacé mon cœur : pareille à une bacchante, j'éclate en chants funèbres, en apprenant qu'ils sont morts, les malheureux! tout dégouttants du sang fraternel. Le voilà donc, ce fatal accord de la lance!

διοσῶ στρατηγώ, διέλαχον
σιδήρῳ Σκύθῃ
σφυρηλάτῳ
παμπησίαν κτημάτων.
Ἕξουσι δὲ χθονὸς
ἣν λάβωσιν ἐν ταφῇ,
φορούμενοι
κατὰ εὐχὰς δυσπότμους
πατρός. Πόλις σέσωσται·
γαῖα δὲ πέπωκεν
αἷμα βασιλέοιν
ὁμοσπόροιν
φόνῳ ὑπὸ ἀλλήλων.
ΧΟΡΟΣ. Ὦ μεγάλε Ζεῦ
καὶ δαίμονες πολιοῦχοι,
οἳ δὴ ῥύεσθε
τούσδε πύργους Κάδμου,
πότερον χαίρω,
καὶ ἀπολολύξω
σωτῆρι ἀσινεῖ
πόλεως, ἢ κλαύσω
τοὺς πολεμάρχους μογεροὺς
καὶ δυσδαίμονας ἀτέκνους;
οἳ δῆτα ὀρθῶς
καὶ κατὰ ἐπωνυμίαν
καὶ πολυνεικεῖς ὤλοντο
διανοίᾳ ἀσεβεῖ.
Ὦ ἀρὰ γένεος
Οἰδίπου τε
μέλαινα καὶ τελεία,
τὶ κρύος κακὸν
περιπιτνεῖ με καρδίαν·
θυιὰς
ἔτευξα
μέλος τύμβῳ,
κλύουσα νεκροὺς
αἱματοσταγεῖς
θανόντας δυσφόρως.
Ἦ ἅδε ξυναυλία δορὸς
δύσορνις.

les deux généraux, ont tiré-au-sort
avec-le-fer scythe
battu-sous-le-marteau
la-pleine-possession de *leurs*-biens.
Et ils auront de terre
ce-qu'ils-*en*-prendront dans la tombe,
emportés
au-gré des vœux funestes
d'un père. La ville est sauvée :
mais la terre a-bu
le sang-de-deux-rois
conçus-dans-le-même-sein,
par le meurtre de l'un-par-l'autre.
LE CHOEUR. O grand Jupiter,
et dieux gardiens-de-la-ville,
qui certes protégez
ces tours-ci de Cadmus,
faut-il que je me-réjouisse,
et que je-pousse-des-cris-de-joie
en-l'honneur du sauveur innocent
de la ville; ou que je pleure
les chefs-de-guerre tristes
et malheureux sans-enfants ?
Lesquels certes bien
et selon *leur* nom,
et vrais-*Polynices* ont-péri
par une pensée impie.
O imprécation contre-la-race d'*Œdipe*
et *prononcée*-par-Œdipe
noire et accomplie,
un certain froid mauvais
saisit moi au-cœur ;
comme une-bacchante
j'avais-composé
un chant pour-le-tombeau ,
en-entendant-parler de *ces* cadavres
dégouttants-de-sang
morts fâcheusement.
La *voici* la réconciliation de la lance,
présagée-par-un-sinistre-augure.

(Ἀντιστροφή.)

Ἐξέπραξεν, οὐδ' ἀπεῖπε
πατρόθεν εὐκταία φάτις·
βουλαὶ δ' ἄπιστοι Λαΐου διήρκεσαν.
Μέριμνα δ' ἀμφὶ πτόλιν,
καὶ θέσφατ' οὐκ ἀμβλύνεται.
Ἰὼ πολύστονοι, τόδ' εἰρ-
γάσασθ' ἄπιστον· ἦλθε δ' αἰ-
ακτὰ πήματ' οὐ λόγῳ.

(Ἐπωδός.)

Τάδ' αὐτόδηλα· προὖπτος ἀγγέλου λόγος·
διπλαῖ μέριμναι, διδυμάνορα
κάκ' αὐτοφόνα, δίμοιρα τέλεια τάδε πάθη
Τί φῶ; τί δ' ἄλλο γ' ἢ πόνοι
πόνων, δόμων ἐφέστιοι;
ἀλλὰ γόων, ὦ φίλαι, κατ' οὖρον
ἐρέσσετ' ἀμφὶ κρατὶ πόμπιμον χεροῖν
πίτυλον, ὃς αἰὲν δι' Ἀχέροντ' ἀμείβεται
τὰν ἄστονον [1], μελάγκροκον
νεκυοστόλον [2] θεωρίδα [3],
τὰν ἀστιβῆ 'πόλλωνι, τὰν ἀνάλιον,
πάνδοκον, εἰς ἀφανῆ τε χέρσον.
Ἀλλὰ γὰρ ἥκουσ' αἵδ' ἐπὶ πρᾶγος
πικρὸν Ἀντιγόνη τ' ἠδ' Ἰσμήνη,
θρῆνον ἀδελφοῖν. Οὐκ ἀμφιβόλως

Le vœu d'un père l'a emporté et n'a point été vain. L'incrédulité de Laïus a eu son plein effet. La ville est dans le deuil, et les oracles des dieux ne se démentent point. O princes dignes de nos larmes! vous l'avez donc commis, ce crime inouï! et ces maux déplorables ne sont plus un récit.

Les voici sous nos yeux; le rapport de l'envoyé est fidèle : double deuil, double victime d'un mutuel homicide, double peine qui comble la mesure! Que dirai-je?..... sinon que dans cette famille le malheur succède au malheur? Allons, chères compagnes, le vent des larmes souffle : que vos mains sur vos têtes imitent le bruyant mouvement des rames qui sur l'Achéron font voguer la *Théoride* aux voiles noires vers ces régions que ne visite jamais Apollon ni le jour, vers ce sombre abîme où sont entraînés tous les mortels.

Mais voici Antigone et Ismène; elles viennent remplir un triste devoir, pleurer leurs frères. Ah! sans doute de leurs seins délicats

Ἐξέπραξεν,	Elle-a-eu-son-effet,
οὐδὲ ἀπεῖπε	et ne s'est-pas-rétractée
φάτις εὐκταία	la parole d'-imprécation
πατρόθεν·	*venant*-d'un père :
βουλαὶ δὲ ἄπιστοι Λαΐου	et les résolutions incrédules de Laïus
διήρκεσαν.	ont-eu-assez-de-force.
Μέριμνα δὲ ἀμφὶ πτόλιν,	Le chagrin *est* autour de la ville,
καὶ θέσφατα	et les prédictions
οὐκ ἀμβλύνεται.	ne sont point émoussées.
Ἰὼ πολύστονοι,	Hélas! *vous*-très-déplorables,
εἰργάσασθε τόδε ἄπιστον·	vous avez commis ce-*crime* inouï :
πήματα δὲ αἰακτὰ	et des malheurs à-déplorer
ἦλθεν οὐ λόγῳ.	sont-arrivés non en-parole.
Τάδε αὐτόδηλα·	Les-voici évidents-par-eux-mêmes :
λόγος ἀγγέλου προὖπτος·	le récit de l'envoyé *est* manifeste :
διπλαῖ μέριμναι,	double chagrin,
κακὰ αὐτοφόνα	malheur produit-par-le-meurtre-mutuel
διδυμάνορα,	de-deux-hommes,
δίμοιρα πάθη	double douleur
τάδε τέλεια.	*que*-celle-ci qui-s'accomplit.
Τί φῶ;	Que *faut-il-que* je dise?
Τί δὲ ἄλλο γε ἢ	Quoi autre certes *si-ce-n'est*-que
πόνοι πόνων,	les souffrances *sortent* des souffrances
ἐφέστιοι δόμων;	inhérentes à *cette*-maison?
Ἀλλὰ ὦ φίλαι, ἐρέσσετε	Mais, ô amies, ramez
ἀμφὶ κρατὶ κατὰ οὖρον	autour de-*votre*-tête au-gré du vent
πίτυλον γόων	un rapide-mouvement de plaintes
πόμπιμον χεροῖν,	accompagnant les deux-mains,
ὃς αἰὲν ἀμείβεται	lequel toujours fait-passer
διὰ Ἀχέροντα	par l'Achéron
τὰν θεωρίδα νεκυοστόλον,	la *théoride* barque-des-morts,
ἄστονον,	pleine-de-gémissements,
μελάγκροκον,	aux-voiles-noires,
εἰς τὰν χέρσον ἀστιβῆ Ἀπόλλωνι,	vers la contrée non-foulée par Apollon,
τὰν ἀνάλιον,	la-*contrée* sans-soleil,
πάνδοκον ἀφανῆ τε.	recevant-tout-le-monde et invisible.
Ἀλλὰ γὰρ ἥκουσαι αἵδε	Mais arrivent celles-ci
Ἀντιγόνη τε ἠδὲ Ἰσμήνη	et Antigone et Ismène
ἐπὶ πρᾶγος πικρὸν,	pour une chose amère,
θρῆνον ἀδελφοῖν.	*pour* une plainte sur *leurs* deux frères

οἶμαί σφ' ἐρατῶν ἐκ βαθυκόλπων
στηθέων ἥσειν ἄλγος ἐπάξιον.
Ἡμᾶς δὲ δίκη πρότερον φήμης
τὸν δυσκέλαδον θ' ὕμνον Ἐριννύος
ἰαχεῖν, Ἀΐδα [1] τ'
ἐχθρὸν παιᾶν' ἐπιμέλπειν.
(Ἰὼ!) Δυσαδελφόταται πασῶν, ὁπόσαι
στρόφον ἐσθῆσιν περιβάλλονται,
κλάω, στένομαι, καὶ δόλος οὐδεὶς
μὴ 'κ φρενὸς ὀρθῶς με λιγαίνειν.

ΗΜΙΧΟΡΙΟΝ α.

Ἰὼ ἰὼ δύσφρονες,
φίλων ἄπιστοι, καὶ κακῶν ἀτρύμονες,
πατρῴους δόμους ἑλόν-
τες μέλεοι σὺν ἀλκᾷ.

ΗΜΙΧΟΡΙΟΝ β.

Μέλεοι δῆθ', οἳ μελέους θανάτους
εὕροντο δόμων ἐπὶ λύμῃ.

ΗΜΙΧΟΡΙΟΝ α.

Ἰὼ ἰὼ δωμάτων
ἐρειψίτοιχοι, καὶ πικρὰς μοναρχίας
ἰδόντες, ἤδη διήλ-
λαχθε [2] σὺν σιδάρῳ.

ΗΜΙΧΟΡΙΟΝ β.

Κάρτα δ' ἀληθῆ πατρὸς Οἰδιπόδα
πότνι' Ἐριννὺς ἐπέκρανεν.

vont sortir de plaintifs et trop justes soupirs. Prévenons-les; chantons l'hymne dissonant d'Érinnys et l'odieux pæan de Pluton. . . . .
O, de toutes celles qui n'ont pas encore délié leur ceinture, les plus malheureuses en frères! Je pleure, je gémis, et je ne feins point la douleur; mes cris partent du fond de mon cœur.

PREMIER DEMI-CHOEUR. Hélas! insensés! sourds aux conseils de vos amis! artisans infatigables de maux! vous avez perdu par l'épée l'héritage paternel : malheureux que vous êtes!

SECOND DEMI-CHOEUR. Malheureux, certes! eux qui pour leur malheur ont trouvé une mort qui perd leur famille!

PREMIER DEMI-CHOEUR. Hélas! hélas! destructeurs de vos propres foyers, divisés pour un trône funeste, le fer vous a donc enfin réconciliés!

SECOND DEMI-CHOEUR. La redoutable Érinnys a bien exaucé les vœux de votre père.

Οἶμαι οὐκ ἀμφιβόλως	Je pense non-avec-doute
σφὲ ἥσειν	elles devoir-épancher
ἐπάξιον ἄλγος	une juste douleur
ἐκ στηθέων ἐρατῶν	de *leurs* seins aimables
βαθυκόλπων.	cachés-sous-des-plis-profonds.
Δίκη δὲ ἡμᾶς	Mais c'*est* justice nous
πρότερον φήμης	avant une parole *d'elles*
ἰακχεῖν τε τὸν ὕμνον	et entonner l'hymne
δυσκέλαδον Ἐριννύος,	malsonnant d'Érinnys,
ἐπιμέλπειν τε	et chanter-de-plus
παιᾶνα ἐχθρὸν	le pæan odieux
Ἀΐδα.	de Pluton.
(Ἰώ!)	(Hélas!)
Δυσαδελφόταται	ô les-plus-malheureuses-en-frères
πασῶν, ὁπόσαι	de toutes-celles qui
περιβάλλονται στρόφον	jettent-une-ceinture-autour
ἐσθῆσιν,	de *leurs* vêtements,
κλάω, στένομαι,	je pleure, je gémis,
καὶ οὐδεὶς δόλος	et nulle ruse *n'est-à-moi*
μὲ μὴ λιγαίνειν	*au point* de moi ne-pas-crier
ὀρθῶς ἐκ φρενός.	réellement de cœur.
ΗΜΙΧΟΡΙΟΝ α'. Ἰὼ ἰώ!	DEMI-CHOEUR 1er. Hélas! hélas!
δύσφρονες, ἄπιστοι φίλων,	insensés, sans-foi en *vos* amis,
καὶ ἀτρύμονες κακῶν,	et infatigables *en fait* de maux,
μέλεοι ἑλόντες	malheureux ayant-perdu
σὺν ἀλκᾷ	par un combat
δόμους πατρῴους.	les demeures paternelles.
ΗΜΙΧΟΡΙΟΝ β'. Μέλεοι δῆτα,	DEMI-CHOEUR 2e. Malheureux certes,
οἳ εὕροντο θανάτους μελέους	qui ont-trouvé des morts malheureuses
ἐπὶ λύμῃ δόμων.	pour la ruine de *leur*-maison.
ΗΜΙΧΟΡΙΟΝ α'. Ἰὼ ἰώ!	DEMI-CHOEUR 1er. Hélas! hélas!
ἐρειψίτοιχοι δωμάτων,	destructeurs-des-murs des palais,
καὶ ἰδόντες	et ayant-devant-les-yeux
πικρὰς μοναρχίας,	d'amères royautés,
ἤδη διήλλαχθε	déjà vous-vous-êtes-réconciliés
σὺν σιδάρῳ.	par le fer.
ΗΜΙΧΟΡΙΟΝ β'. Πότνια δὲ	DEMI-CHOEUR. 2e. Et la vénérable
Ἐριννὺς	Érinnys
ἐπέκρανε κάρτα ἀληθῆ	a accompli *les vœux* bien vrais
πατρὸς Οἰδιπόδα.	de *votre* père OEdipe.

ΗΜΙΧΟΡΙΟΝ α.
Δι' εὐωνύμων τετυμμένοι.
ΗΜΙΧΟΡΙΟΝ β.
Τετυμμένοι δῆθ', ὁμο-
σπλάγχνων τε πλευρωμάτων.
ΗΜΙΧΟΡΙΟΝ α.
Αἶ αἶ δαιμόνιοι!
αἶ αἶ δ' ἀντιφόνων
θανάτων ἀραί!
ΗΜΙΧΟΡΙΟΝ β.
Διανταίαν λέγεις πλαγάν.
ΗΜΙΧΟΡΙΟΝ α.
Δόμοισι καὶ σώμασιν
πεπλαγμένους ἐννέπω.
ΗΜΙΧΟΡΙΟΝ β.
Ἀναυδάτῳ μένει
ἀραίῳ τ' ἐκ πατρὸς
διχόφρονι πότμῳ.
ΧΟΡΟΣ.
Διήκει δὲ καὶ πόλιν στόνος,
στένουσι πύργοι, στένει πέδον
φίλανδρον· μενεῖ κτέανά τ' ἐπιγόνοις [1],
δι' ὧν αἰνομόροις, δι' ὧν νεῖκος ἔβα,
καὶ θανάτου τέλος·
ἐμοιράσαντο δ' ὀξυκάρδιοι
κτήμαθ', ὥστ' ἴσον λαχεῖν·
διαλλακτῆρι δ' οὐκ ἀμεμφία φίλοις,
οὐδ' ἐπίχαρις Ἄρης.

PREMIER DEMI-CHOEUR. Tous deux percés au cœur.....

SECOND DEMI-CHOEUR. Oui, percés,..... et par la main d'un frère.

PREMIER DEMI-CHOEUR. Hélas! hélas! les infortunés! ah! maudites imprécations qui appelaient ce fratricide!

SECOND DEMI-CHOEUR. Quel coup profond!

PREMIER DEMI-CHOEUR. Coup mortel pour eux et pour leur race.

SECOND DEMI-CHOEUR. Fureur inouïe! fatale discorde, effet de la malédiction d'un père!

LE CHOEUR. Tout gémit ici sur leur sort, cette ville, ces remparts, cette terre qui les aimait. D'autres hériteront de leurs biens, de ces biens, hélas! qui causèrent la querelle de ces infortunés, qui causèrent leur mort. Ils ont dans leur fureur fait eux-mêmes le partage de leurs possessions; et leur part est égale; mais leur conciliateur, Mars, n'est point sans reproche : il plonge leurs amis dans le deuil.

ΗΜΙΧΟΡΙΟΝ α'. Τετυμμένοι	DEMI-CHOEUR 1er. Frappés
διὰ εὐωνύμων.	aux *flancs* gauches.
ΗΜΙΧΟΡΙΟΝ β'. Τετυμμένοι	DEMI-CHOEUR 2e. Frappés
δῆτα,	certes,
πλευρωμάτων τε	et aux-flancs
ὁμοσπλάγχνων.	sortis-des-mêmes-entrailles.
ΗΜΙΧΟΡΙΟΝ α'. Αἶ αἶ	DEMI-CHOEUR 1er. Ah! ah!
δαιμόνιοι!	malheureux!
Αἶ αἶ ἀραὶ	ah! ah! imprécations
θανάτων	de morts
ἀντιφόνων!	mutuellement-homicides!
ΗΜΙΧΟΡΙΟΝ β'. Λέγεις	DEMI-CHOEUR 2e. Tu dis
πλαγὰν	un coup
διανταίαν.	qui-perce-de-part-en-part.
ΗΜΙΧΟΡΙΟΝ α'. Ἐννέπω	DEMI-CHOEUR 1er. Je dis
πεπλαγμένους	*eux* frappés
δόμοισι	dans *leur* maison
καὶ σώμασιν.	et *dans leurs* corps.
ΗΜΙΧΟΡΙΟΝ β'. Μένει	DEMI-CHOEUR 2e. Par une fureur
ἀναυδάτῳ	inouïe,
πότμῳ τε διχόφρονι	et par un destin de-discorde
ἀραίῳ ἐκ πατρός.	appelé-par-le-vœu d'un père.
ΧΟΡΟΣ. Στόνος δὲ	LE CHOEUR. Mais le gémissement
διήκει καὶ πόλιν,	parcourt aussi la ville,
πύργοι στένουσι,	les tours gémissent,
πέδον φίλανδρον	le sol ami-de-*ces*-hommes
στένει·	gémit;
ἐπιγόνοις τε	et à *leurs*-successeurs
μενεῖ κτέανα,	resteront *ces*-possessions,
διὰ ὧν αἰνομόροις,	par-lesquelles à *eux*-maudits-du-sort,
διὰ ὧν ἔβα νεῖκος,	par lesquelles est-venue la querelle,
καὶ τέλος θανάτου·	et la fin de la mort;
ὀξυκάρδιοι δὲ	et emportés-par-la-colère,
ἐμοιράσαντο	ils se-sont-partagé
κτήματα,	*leurs* biens,
ὥστε λαχεῖν ἴσον·	au-point d'avoir-égale-part;
φίλοις δὲ	mais à *leurs* amis
οὐκ ἀμεμφία	*il-n'y-a-pas*-absence-de-plainte
διαλλακτῆρι,	contre *leur* réconciliateur,
οὐδὲ Ἄρης ἐπίχαρις.	et Mars ne *leur est* pas agréable.

ΗΜΙΧΟΡΙΟΝ α.

Σιδαρόπλακτοι μὲν ὧδ' ἔχουσιν.

ΗΜΙΧΟΡΙΟΝ β.

Σιδαρόπλακτοι δὲ τοὺς μένουσιν —
τάχ' ἄν τις εἴποι, « τίνες; »
τάφων πατρῴων λαχαί.

ΗΜΙΧΟΡΙΟΝ α.

Δόμων μάλ' ἀχὼ ἐπ' αὐτοὺς
προπέμπει δαϊκτὴρ γόος,
αὐτόστονος, αὐτοπήμων,
δαΐφρων, οὐ φιλογαθὴς, ἐτύμως
δακρυχέων ἐκ φρενὸς, ἃ [1],
κλαομένας μου, μινύθει,
τοῖνδε [2] δυοῖν ἀνάκτοιν.
Πάρεστι δ' εἰπεῖν ἐπ' ἀ-
θλίοισιν, ὡς ἐρξάτην
πολλὰ μὲν πολίτας,
ξένων τε πάντων στίχας
πολυφθόρους ἐν δαΐ.

ΗΜΙΧΟΡΙΟΝ β.

Δυσδαίμων σφιν ἁ τεκοῦσα
προπασᾶν γυναικῶν, ὁπόσαι
τεκνογόνοι κέκληνται.
Παῖδα τὸν αὑτᾶς πόσιν αὑτᾷ θεμένα,
τούσδ' ἔτεχ', οἱ δ' ὧδ' ἐτελεύτασαν ὑπ' ἀλ-
λαλοφόνοις χερσὶν ὁμοσπόροισιν.

ΙΣΜΗΝΗ.

Ὁμόσποροι δῆτα καὶ πανώλεθροι,

PREMIER DEMI-CHOEUR. Les voilà tels que le fer les a faits!

SECOND DEMI-CHOEUR. Oui, et le même fer va leur creuser.... quoi?..... une part du tombeau de leur père.

PREMIER DEMI-CHOEUR. L'écho du palais les accompagne, plainte déchirante, gémissement sincère, douleur bien sentie, triste, inconsolable, sanglot vraiment parti d'un cœur qui se fond à la vue de ces deux princes. Il faut dire aussi qu'ils furent tous deux bien coupables envers leurs concitoyens et ces nombreux étrangers morts pour eux dans le combat.

SECOND DEMI-CHOEUR. Malheureuse celle qui leur donna le jour, entre toutes les femmes qui furent appelées mères! Épouse de son propre fils, elle lui donna ces enfants, qui se sont ainsi entre-tués de leurs mains fraternelles.

ISMÈNE. Oui, de leurs mains fraternelles, excitées au meurtre

ΗΜΙΧΟΡΙΟΝ α'. Ὧδε ἔχουσι	DEMI-CHOEUR 1er. Ainsi sont-ils
σιδαρόπλακτοι.	frappés-par-le-fer.
ΗΜΙΧΟΡΙΟΝ β'. Σιδαρόπλακτοι	DEMI-CHOEUR 2e. Frappés-par-le-fer
τοὺς μένουσιν,	les attendent,
τάχα τις ἂν εἴποι, « τίνες; »	peut-être quelqu'un dira, « quels? »
λαχαὶ τάφων πατρῴων.	les partages des tombes paternelles.
ΗΜΙΧΟΡΙΟΝ α'. Ἀχὼ δόμων	DEMI-CHOEUR 1er. L'écho du palais
προπέμπει μάλα ἐπὶ αὐτούς,	accompagne fortement eux,
γόος δαϊκτήρ,	plainte déchirante,
αὐτόστονος,	sincèrement-gémissante,
αὐτοπήμων,	sincèrement-douloureuse,
δαΐφρων, οὐ φιλογαθής,	triste, non amie-de-la-joie,
δακρύων ἐτύμως	pleurant vraiment
ἐκ φρενός, ἃ μινύθει	*du-fond* d'un cœur, qui se flétrit,
μοῦ κλαομένας,	moi pleurant
τοῖνδε δυοῖν ἀνάκτοιν.	sur ces deux princes-ci.
Πάρεστι δὲ εἰπεῖν	Mais il-y-a-lieu de dire
ἐπὶ ἀθλίοισιν,	au sujet de *ces* infortunés,
ὡς πολλὰ μὲν ἐρξάτην	combien-de-*maux* ils-firent-tous-deux
πολίτας, στίχας τε	aux citoyens, et aux rangs
πάντων ξένων	de tous les étrangers
πολυφθόρους	morts-en-grand-nombre
ἐν δαΐ.	dans le combat.
ΗΜΙΧΟΡΙΟΝ β'. Δυσδαίμων	DEMI-CHOEUR 2e. Malheureuse
ἅ σφιν τεκοῦσα	celle les-ayant-enfantés
προπασῶν γυναικῶν,	entre-toutes les femmes,
ὁπόσαι κέκληνται	qui ont-été-appelées
τεκνογόνοι.	fécondes-pour-procréer.
Θεμένα πόσιν	Ayant-pris *pour* époux
αὐτᾷ	à elle-même
τὸν παῖδα αὐτῆς,	l'enfant d'elle-même,
ἔτεκε τούσδε,	elle donna-le-jour à ceux-ci,
οἱ δὲ ἐτελεύτασαν	et eux ont-fini
ὧδε	ainsi
ὑπὸ χερσὶν	sous des mains
ὁμοσπόροισιν	conçues-dans-le-même-sein
ἀλληλοφόνοις.	mutuellement-homicides.
ΙΣΜΗΝΗ. Δῆτα	ISMÈNE. Oui,
ὁμόσποροι	conçus-dans-le-même-sein
καὶ πανώλεθροι,	et tout-à-fait-malheureux,

διατομαῖς οὐ φίλαις,
ἔριδι μαινομένᾳ,
νείκεος ἐν τελευτᾷ.
Πέπαυται δ' ἔχθος.
Ἐν δὲ γαίᾳ ζωὰ
φονοῤῥύτῳ μέμικται·
κάρτα δ' εἴσ' ὅμαιμοι.

ΧΟΡΟΣ.

Πικρὸς λυτὴρ νεικέων ὁ πόντιος
ξεῖνος ἐκ πυρὸς συθεὶς
θηκτὸς σίδαρος· πικρὸς
δὲ χρημάτων κακὸς
δατητὰς Ἄρης ἀρὰν
πατρὸς τιθεὶς ἀληθῆ.

ΑΝΤΙΓΟΝΗ.

Ἔχουσι μοῖραν λαχόντες, ὦ μέλεοι,
διοσδότων ἀχέων·
ὑπὸ δὲ χώματι [1] γᾶς
πλοῦτος ἄβυσσος ἔσται.

ΙΣΜΗΝΗ.

Ἰὼ πολλοῖς ἐπανθήσαν-
τες πόνοισί γε δόμοι!
τελευτᾷ δ' αἵδ' ἐπηλάλαξαν
ἀραὶ τὸν ὀξὺν νόμον,
τετραμμένου παντρόπῳ
φυγᾷ γένους.
Ἕστακε δ' Ἄτας [2]
τρόπαιον ἐν πύλαις,

pour vider une querelle furieuse à propos d'un odieux partage : mais leur haine a cessé. Dans la terre abreuvée de carnage, leur sang s'est confondu; certes ils sont bien aujourd'hui du même sang.

LE CHOEUR. Le cruel arbitre de leurs débats, c'est l'hôte d'outre-mer, le fer tranchant, façonné dans le feu. L'odieux distributeur de leurs biens, c'est le farouche Mars, accomplissant ainsi le vœu paternel.

ANTIGONE. Hélas! infortunés! ils ont chacun dans ce partage la part des maux que leur réservait Jupiter; couchés dans le tombeau désormais, un abîme sans fond sera leur domaine.

ISMÈNE. Maison féconde en malheurs! Enfin les furies des imprécations ont entonné le chant du triomphe en voyant cette race entière disparaître devant elles. Le trophée d'Até est aux portes, où se sont

διατομαῖς	*par suite de* partages
οὐ φίλαις,	non amis,
ἔριδι μαινομένᾳ,	par un débat furieux,
ἐν τελευτᾷ	*ils sont* à la fin
νείκεος.	de *leur* querelle.
Ἔχθος δὲ πέπαυται.	Mais l'inimitié a cessé.
Ἐν δὲ γαίᾳ	Mais dans la terre
φονοῤῥύτῳ	abreuvée-de-carnage
ζωὰ μέμικται·	*leur* vie s'est-confondue ;
εἰσὶ δὲ κάρτα	et ils sont bien
ὅμαιμοι.	de-même-sang.
ΧΟΡΟΣ. Πικρὸς λυτὴρ	LE CHOEUR. Amer arbitre
νεικέων	des querelles
ὁ ξεῖνος πόντιος	*est* l'étranger d'outre-mer
συθεὶς ἐκ πυρὸς	échappé du feu,
σίδαρος θηκτός·	le fer aiguisé ;
πικρὸς δὲ κακὸς	amer aussi *et* odieux
δατητὰς χρημάτων	distributeur de richesses
Ἄρης	*est* Mars
τιθεὶς ἀληθῆ	faisant vraie
ἀρὰν πατρός.	l'imprécation d'un père.
ΑΝΤΙΓΟΝΗ. Ὦ μέλεοι,	ANTIGONE. O les malheureux!
ἔχουσι μοῖραν	ils ont la part
ἀχέων	des douleurs
διοσδότων	données-par-Jupiter,
λαχόντες·	l'ayant obtenue :
ὑπὸ δὲ χώματι γᾶς	mais sous l'amas de terre *de leur tom-*
πλοῦτος ἄβυσσος	une richesse sans-fond [*be,*
ἔσται.	sera *à eux*.
ΙΣΜΗΝΗ. Ἰὼ δόμοι	ISMÈNE. Hélas ! maison
ἐπανθήσαντές γε	ayant-fleuri certes
πολλοῖς πόνοισι!	par beaucoup de souffrances!
Τελευτᾷ δὲ	Et pour-la-fin
αἵδε ἀραὶ	*voici que*-ces imprécations
ἐπηλάλαξαν τὸν νόμον ὀξὺν,	ont-poussé le cri perçant *du triomphe*,
γένους τετραμμένου	*cette* race étant-emportée
φυγᾷ παντρόπῳ.	dans-une-fuite complète.
Τρόπαιον δὲ Ἄτας	Et le trophée d'Até
ἕστακεν	est placé
ἐν πύλαις,	aux portes,

ἐν αἷς ἐθείναντο, καὶ δυοῖν κρατήσας
ἔληξ' ὁ δαίμων.

ΑΝΤΙΓΟΝΗ.

Παισθεὶς ἔπαισας.

ΙΣΜΗΝΗ.

Σὺ δ' ἔθανες κατακτανών.

ΑΝΤΙΓΟΝΗ.

Δορὶ δ' ἔκτανες.

ΙΣΜΗΝΗ.

Δορὶ δ' ἔθανες.

ΑΝΤΙΓΟΝΗ.

Μελεόπονος.

ΙΣΜΗΝΗ.

Μελεοπαθής.

ΑΝΤΙΓΟΝΗ.

Ἴτω γόος.

ΙΣΜΗΝΗ.

Ἴτω δάκρυα.

ΑΝΤΙΓΟΝΗ.

Προκείσεται κατακτάς·

ΙΣΜΗΝΗ.

Ἠὲ, ἠέ!

ΑΝΤΙΓΟΝΗ.

Μαίνεται γόοισι φρήν.

ΙΣΜΗΝΗ.

Ἐντὸς δὲ καρδία στένει.

ΑΝΤΙΓΟΝΗ.

Ἰὼ, ἰὼ, πανδάκρυτε σύ!

ΙΣΜΗΝΗ.

Σὺ δ' αὖ καὶ πανάθλιε.

frappés les deux frères, et vainqueur de tous les deux, le Destin s'est calmé.

ANTIGONE. Tu as donné le coup mortel en le recevant.
ISMÈNE. Et toi, tu l'as reçu en le donnant.
ANTIGONE. Tu as tué avec la lance.
ISMÈNE. Tu as péri par la lance.
ANTIGONE. Malheureux dans ta victoire.
ISMÈNE. Malheureux dans ta défaite.
ANTIGONE. Coulez, mes pleurs.
ISMÈNE. Coulez, mes larmes.
ANTIGONE. Celui qui a tué tombera le premier.
ISMÈNE. Hélas! hélas!
ANTIGONE. Mon âme est en proie à la douleur.
ISMÈNE. Mon cœur gémit profondément.
ANTIGONE. O frère, digne de toutes nos larmes!
ISMÈNE. Toi de même, et si malheureux!

ἐν αἷς	à celles-où
ἐθείναντο,	ils se-frappèrent,
καὶ ὁ δαίμων	et le destin
κρατήσας	devenu-maître
δυοῖν	d'eux-deux
ἔληξε.	a cessé *sa-fureur*.
ΑΝΤΙΓΟΝΗ. Παισθεὶς	ANTIGONE. Frappé
ἔπαισας.	tu-as-frappé.
ΙΣΜΗΝΗ. Σὺ δὲ	ISMÈNE. Et toi
ἔθανες	tu es mort
κατακτανών.	ayant-tué.
ΑΝΤΙΓΟΝΗ. Ἔκτανες δὲ	ANTIGONE. Tu-as-tué
δορί.	par la lance.
ΙΣΜΗΝΗ. Ἔθανες δὲ	ISMÈNE. Tu-es-mort
δορί.	par la lance.
ΑΝΤΙΓΟΝΗ.	ANTIGONE.
Μελεόπονος.	Malheureux-ayant-agi.
ΙΣΜΗΝΗ.	ISMÈNE.
Μελεοπαθής.	Malheureux ayant souffert.
ΑΝΤΙΓΟΝΗ. Γόος	ANTIGONE. Que *ma* plainte
ἴτω.	s'échappe.
ΙΣΜΗΝΗ. Δάκρυα	ISMÈNE. Que *mes* larmes
ἴτω.	s'échappent.
ΑΝΤΙΓΟΝΗ.	ANTIGONE.
Κατακτὰς	*Celui* ayant-tué
προκείσεται.	sera-étendu-*mort*-le-premier.
ΙΣΜΗΝΗ.	ISMÈNE.
Ἠὲ, ἠέ!	Hélas! hélas!
ΑΝΤΙΓΟΝΗ.	ANTIGONE.
Φρὴν	*Mon* esprit
μαίνεται	s'égare
γόοισι.	par les plaintes.
ΙΣΜΗΝΗ. Ἐντὸς δὲ	ISMÈNE. Et intérieurement
καρδία	*mon* cœur
στένει.	gémit.
ΑΝΤΙΓΟΝΗ.	ANTIGONE.
Ἰὼ ἰὼ,	Hélas! hélas!
πανδάκρυτε σύ!	ô tout-à-fait-digne-de-larmes toi!
ΙΣΜΗΝΗ. Σὺ δὲ αὖ καὶ	ISMÈNE. Et toi à-ton-tour aussi
πανάθλιε.	tout-à-fait-malheureux!

ΑΝΤΙΓΟΝΗ.
Πρὸς φίλου τ' ἔφθισο,
ΙΣΜΗΝΗ.
Καὶ φίλον ἔκτανες.
ΑΝΤΙΓΟΝΗ.
Διπλᾶ λέγειν.
ΙΣΜΗΝΗ.
Διπλᾶ δ' ὁρᾶν.
ΑΝΤΙΓΟΝΗ.
Ἀχέων τοίων τάδ' [1] ἐγγύθεν.
ΙΣΜΗΝΗ.
Πέλας δ' αἵδ' ἀδελφαὶ ἀδελφεῶν.
ΧΟΡΟΣ.
Ἰὼ Μοῖρα βαρυδότειρα μογερά!
πότνιά τ' Οἰδίπου σκιὰ,
μέλαινά τ' Ἐριννὺς, ἦ μεγασθενής τις εἶ.
ΑΝΤΙΓΟΝΗ.
Ἠὲ, ἠέ!
ΙΣΜΗΝΗ.
Δυσθέατα πήματ' ἐ-
δείξατ' ἐκ φυγᾶς ἐμοί.
ΑΝΤΙΓΟΝΗ.
Οὐδ' ἵκεθ' ὡς κατέκτανεν.
ΙΣΜΗΝΗ.
Σωθεὶς δὲ πνεῦμ' ἀπώλεσεν.
ΑΝΤΙΓΟΝΗ.
Ἀπώλεσε δῆτα.
ΙΣΜΗΝΗ.
Καὶ τὸ τοῦδ' ἐνόσφισε.

ANTIGONE. La main la plus chère t'a donné la mort.
ISMÈNE. Tu as percé le sein le plus cher.
ANTIGONE. Double malheur à dire!
ISMÈNE. Double malheur à voir!
ANTIGONE. Ces malheurs nous touchent de bien près.
ISMÈNE. Frères et sœurs, nous voilà tous réunis.
LE CHOEUR. O parque inflexible, triste dispensatrice des maux! omb redoutable d'OEdipe, noire Erinnys, certes votre pouvoir est gran
ANTIGONE. Hélas! hélas!
ISMÈNE (*regardant Polynice*). Affreux spectacle qu'il m'a don au retour de l'exil!
ANTIGONE. Il n'est pas revenu, quoique ayant tué son adversai
ISMÈNE. Vainqueur, il a perdu la vie.
ANTIGONE. Il l'a perdue sans doute.
ISMÈNE. Mais il l'a ôtée à son frère.

ΑΝΤΙΓΟΝΗ.	ANTIGONE
Ἔφθισό τε	Tu as-été-tué
ὑπὸ φίλου.	par un-tien.
ΙΣΜΗΝΗ.	ISMÈNE.
Καὶ ἔκτανες	Et tu as-tué
φίλον.	un-tien.
ΑΝΤΙΓΟΝΗ. Διπλᾶ	ANTIGONE. Double-*malheur*
λέγειν.	à dire.
ΙΣΜΗΝΗ. Διπλᾶ δὲ	ISMÈNE. Et double-*malheur*
ὁρᾶν.	à voir.
ΑΝΤΙΓΟΝΗ.	ANTIGONE.
Τάδε	Ces-*peines*-ci *(les nôtres)*
ἐγγύθεν τοίων ἀχέων.	*sont*-près-de-telles-peines *(les leurs)*
ΙΣΜΗΝΗ.	ISMÈNE.
Αἵδε δὲ ἀδελφαὶ	*Nous-voici* sœurs
πέλας ἀδελφεῶν.	près de *nos* frères
ΧΟΡΟΣ.	LE CHOEUR.
Ἰὼ Μοῖρα	Hélas ! ô Parque,
μογερὰ	triste
βαρυδότειρα !	dispensatrice-de-maux !
σκιά τε πότνια	et ombre vénérable
Οἰδίπου,	d'OEdipe,
μέλαινά τε Ἐριννύς,	et noire Érinnys ,
ἦ εἶ	oui, tu-es
τις μεγασθενής.	une bien puissante deesse.
ΑΝΤΙΓΟΝΗ. Ἠὲ, ἠέ !	ANTIGONE. Hélas ! hélas !
ΙΣΜΗΝΗ. Ἐδείξατο	ISMÈNE. Il a-fait-voir
ἐμοὶ	à moi
ἐκ φυγᾶς	après-sa-fuite *(de Thèbes)*
πήματα	des malheurs
δυσθέατα.	pénibles-à-contempler.
ΑΝΤΙΓΟΝΗ. Οὐδὲ ἵκετο	ANTIGONE. Mais il n'est-pas-revenu
ὡς κατέκτανεν.	après qu'il a-eu-tué.
ΙΣΜΗΝΗ. Σωθεὶς δὲ	ISMÈNE. Mais sauvé *vainqueur,*
ἀπώλεσε	il a perdu
πνεῦμα.	le souffle.
ΑΝΤΙΓΟΝΗ.	ANTIGONE.
Ἀπώλεσε δῆτα.	Il *l'*a perdu certes.
ΙΣΜΗΝΗ. Καὶ ἐνόσφισε	ISMÈNE. Et il a ravi
τὸ τοῦδε.	celui de celui-ci *(Étéocle).*

ΑΝΤΙΓΟΝΗ.

Τάλαν γένος!

ΙΣΜΗΝΗ.

Τάλανα καὶ παθὸν
δύστονα κήδε' ὁμώνυμα.

ΑΝΤΙΓΟΝΗ.

Δίυγρα τριπάλτων πημάτων.

ΙΣΜΗΝΗ.

Ὀλοὰ λέγειν.

ΑΝΤΙΓΟΝΗ.

Ὀλοὰ δ' ὁρᾶν.

ΧΟΡΟΣ.

Ἰὼ Μοῖρα βαρυδότειρα μογερά!
πότνιά τ' Οἰδίπου σκιὰ,
μέλαινά τ' Ἐριννὺς, ἦ μεγασθενής τις εἶ.

ΙΣΜΗΝΗ

Σὺ τοίνυν οἶσθα διαπερῶν.

ΑΝΤΙΓΟΝΗ.

Σὺ δ' οὐδὲν ὕστερον μαθών.

ΙΣΜΗΝΗ.

Ἐπεὶ κατῆλθες ἐς πόλιν.

ΑΝΤΙΓΟΝΗ.

Δορός γε τῷδ' ἀντηρέτας[1].

ΙΣΜΗΝΗ.

Ὀλοὰ λέγειν.

ΑΝΤΙΓΟΝΗ.

Ὀλοὰ δ' ὁρᾶν.

ΙΣΜΗΝΗ.

Ἰὼ πόνος!

ANTIGONE. Race infortunée!

ISMÈNE. Race accablée de maux déplorables comme elle!

ANTIGONE. Source intarissable de malheurs!

ISMÈNE. C'est affreux à dire.

ANTIGONE. Affreux à voir.

LE CHOEUR. O Parque, triste dispensatrice des maux! ombre redoutable d'OEdipe, noire Érinnys, certes votre pouvoir est bien grand!

ISMÈNE (*se tournant vers Polynice*). Tu viens de le connaître à ton retour.

ANTIGONE (*se tournant vers Étéocle*). Et toi, tu n'as guère tardé à le connaître aussi.

ISMÈNE. Lorsque tu es rentré dans Thèbes.....

ANTIGONE. Lorsque tu t'armas contre lui.....

ISMÈNE. Chose affreuse à dire!

ANTIGONE. Chose affreuse à voir!

ISMÈNE. O souffrance!

ΑΝΤΙΓΟΝΗ.	ANTIGONE.
Γένος τάλαν!	Race malheureuse!
ΙΣΜΗΝΗ.	ISMÈNE.
Παθὸν καὶ	Ayant souffert aussi
κήδεα	des maux
ὁμώνυμα	de-même-nom *(frères)*,
τάλανα	malheureux,
δύστονα.	déplorables.
ΑΝΤΙΓΟΝΗ. Δίυγρα	ANTIGONE. *Maux* humides
πημάτων	de maux
τριπάλτων.	jaillissant-avec-une-force-triple.
ΙΣΜΗΝΗ. Ὀλοὰ	ISMÈNE. Affreux
λέγειν.	à dire.
ΑΝΤΙΓΟΝΗ. Ὀλοὰ δὲ	ANTIGONE. Et affreux
ὁρᾶν.	à voir.
ΧΟΡΟΣ. Ἰὼ	LE CHOEUR. Hélas!
Μοῖρα	ô Parque,
μογερὰ	triste
βαρυδότειρα!	dispensatrice-de-maux!
σκιά τε πότνια	et ombre vénérable
Οἰδίπου,	d'OEdipe,
μέλαινά τε Ἐριννὺς,	et noire Érinnys,
ἦ εἶ	oui, tu es
τις μεγασθενής.	une bien-puissante *déesse.*
ΙΣΜΗΝΗ. Σὺ οἶσθα τοίνυν	ISMÈNE. Toi tu-l'as-connue donc
διαπερῶν.	en-faisant-le-trajet *d'Argos à Thèbes*
ΑΝΤΙΓΟΝΗ. Σὺ δὲ	ANTIGONE. Et toi-*aussi tu-es*
μαθὼν	*l'*ayant-connue
οὐδὲν ὕστερον.	pas-un-instant-plus-tard.
ΙΣΜΗΝΗ. Ἐπεὶ	ISMÈNE. Quand
κατῆλθες	tu revins
ἐς πόλιν.	dans la ville.
ΑΝΤΙΓΟΝΗ. Ἀντηρέτας γε	ANTIGONE. Adversaire
δορὸς	de lance
τῷδε.	contre celui-ci.
ΙΣΜΗΝΗ. Ὀλοὰ	ISMÈNE *Choses*-affreuses
λέγειν.	à dire.
ΑΝΤΙΓΟΝΗ. Ὀλοὰ δὲ	ANTIGONE. Et affreuses
ὁρᾶν.	à voir.
ΙΣΜΗΝΗ. Ἰὼ πόνος	ISMÈNE. Hélas! souffrance!

ΑΝΤΙΓΟΝΗ.
Ἰὼ ἰὼ κακὰ δώμασι !
ΙΣΜΗΝΗ.
Καὶ χθονὶ, πρὸ πάντων δ' ἐμοί.
ΑΝΤΙΓΟΝΗ.
Ἰὼ ἰώ ! καὶ πρόσω γ' ἐμοί.
ΙΣΜΗΝΗ.
Ἰὼ ἰώ, δυστάνων κακῶν !
ἄναξ Ἐτεόκλεις ἀρχηγέτα.
ΑΝΤΙΓΟΝΗ.
Ἰὼ πάντων πολυπονώτατοι.
ΙΣΜΗΝΗ.
Ἰὼ δαιμονῶντες ἐν ἄτᾳ !
ΑΝΤΙΓΟΝΗ.
Ἰώ, ἰὼ ! ποῦ σφε θήσομεν χθονός ;
ΙΣΜΗΝΗ.
Ἰώ ! ὅπου τιμιώτατον.
ΑΝΤΙΓΟΝΗ.
Ἰὼ ἰώ ! πῆμα πατρὶ πάρευνον.
ΚΗΡΥΞ.
Δοκοῦντα καὶ δόξαντ' ἀπαγγέλλειν με χρὴ
δήμου προβούλοις τῆσδε Καδμείας πόλεως·
Ἐτεοκλέα μὲν τόνδ' ἐπ' εὐνοίᾳ χθονὸς
θάπτειν ἔδοξε γῆς φίλαις κατασκαφαῖς·
εἴργων γὰρ ἐχθροὺς, θάνατον εἵλετ' ἐν πόλει·
ἱερῶν πατρῴων δ' ὅσιος ὢν, μομφῆς ἄτερ,
τέθνηκεν οὗπερ τοῖς νέοις θνήσκειν καλόν.
Οὕτω μὲν ἀμφὶ τοῦδ' ἐπέσταλται λέγειν·

ANTIGONE. O malheur pour cette maison !
ISMÈNE. Et pour ce pays, et pour moi surtout !
ANTIGONE. Hélas ! hélas ! et plus encore pour moi !
ISMÈNE. O Étéocle ! premier auteur de ces maux déplorables !
ANTIGONE. O les plus infortunés des hommes !
ISMÈNE. Aveuglés par une fureur criminelle !
ANTIGONE. Dans quel endroit de cette terre les déposerons-nous ?
ISMÈNE. Au lieu le plus honorable.
ANTIGONE. Hélas ! hélas ! qu'ils soient couchés près de leur père.

UN HÉRAUT. Il faut que je vous apprenne ce qu'ont décidé et décident les premiers conseillers du peuple de la ville de Cadmus. Étéocle, en récompense de son amour pour son pays, doit être, telle est leur volonté, enseveli avec honneur ; car c'est en repoussant les ennemis qu'il a perdu la vie ; pur et sans crime à l'égard des dieux de ses pères, il est mort où il est beau à un jeune héros de mourir. Voilà ce que pour lui j'ai ordre de vous annoncer. Mais pour son

ΑΝΤΙΓΟΝΗ. Ἰὼ ἰὼ
κακὰ δώμασι !
ΙΣΜΗΝΗ. Καὶ χθονὶ,
ἐμοὶ δὲ πρὸ πάντων.
ΑΝΤΙΓΟΝΗ. Ἰὼ ἰώ !
καί γε ἐμοὶ πρόσω.
ΙΣΜΗΝΗ. Ἰὼ, ἰὼ,
κακῶν δυστάνων !
Ἄναξ Ἐτεόκλεις ἀρχηγέτα.
ΑΝΤΙΓΟΝΗ. Ἰὼ
πολυπονώτατοι πάντων.
ΙΣΜΗΝΗ. Ἰὼ
δαιμονῶντες
ἐν ἄτᾳ !
ΑΝΤΙΓΟΝΗ. Ἰὼ, ἰώ !
ποῦ χθονὸς
θήσομέν σφε ;
ΙΣΜΗΝΗ. Ἰώ !
ὅπου τιμιώτατον.
ΑΝΤΙΓΟΝΗ. Ἰὼ ἰώ !
πῆμα πάρευνον πατρί.
ΚΗΡΥΞ. Χρή με ἀπαγγέλλειν
δοκοῦντα
καὶ δόξαντα
προβούλοις δήμου
τῆσδε πόλεως Καδμείας·
ἔδοξε
θάπτειν μὲν
κατασκαφαῖς γῆς
φίλαις τόνδε Ἐτεοκλέα
ἐπὶ εὐνοίᾳ χθονός·
εἴργων γὰρ ἐχθροὺς,
εἵλετο θάνατον ἐν πόλει·
ὢν δὲ ὅσιος
ἱερῶν πατρῴων,
ἄτερ μομφῆς,
τέθνηκεν οὗπερ θνήσκειν
καλὸν τοῖς νέοις.
Οὕτω μὲν ἐπέσταλται
λέγειν ἀμφὶ τοῦδε·

ANTIGONE. Hélas ! hélas !
maux pour *ces* demeures !
ISMÈNE. Pour *cette* terre-aussi,
mais pour moi avant tous.
ANTIGONE. Hélas ! hélas !
et certes pour-moi-*aussi* surtout.
ISMÈNE. Hélas ! hélas ! *je-me-plains*
de-*ces*-maux déplorables !
Prince Étéocle, *toi-leur*-premier-au-
ANTIGONE. Hélas ! [teur,
ô les-plus-chargés-de-maux de tous.
ISMÈNE. Hélas !
possédés-d'un-mauvais-génie
dans le mal !
ANTIGONE. Hélas ! hélas !
dans-quel-endroit de la terre
placerons-nous eux ?
ISMÈNE Hélas !
où *c'est* le plus honorable.
ANTIGONE. Hélas ! hélas !
malheur couché-à-côté d'un père.
UN HÉRAUT. Il faut moi annoncer
les choses paraissant
et ayant-paru *à propos*
aux-premiers-conseillers du peuple
de cette-ville-ci Cadméenne :
il *leur*-a-paru-*à-propos*
d'abord d'ensevelir
dans des excavations de terre
aimées *des morts* cet-Étéocle-ci
pour *son*-amour de-*ce*-pays :
car repoussant les ennemis,
il-a-trouvé la mort dans la ville :
puis étant-pur
à l'égard des temples de *sa* patrie,
sans reproche,
il est mort où mourir
est beau pour les jeunes-gens.
Ainsi d'une-part il *m'*a-été-ordonné
de dire au sujet de celui-ci :

τούτου δ' ἀδελφὸν, τόνδε Πολυνείκους νεκρὸν,
ἔξω βαλεῖν ἄθαπτον, ἁρπαγὴν κυσὶν,
ὡς ὄντ' ἀναστατῆρα Καδμείας χθονὸς,
εἰ μὴ θεῶν τις ἐμποδὼν ἔστη δορὶ
τῷ τοῦδ'. Ἄγος δὲ καὶ θανὼν κεκτήσεται
θεῶν πατρῴων, οὓς ἀτιμάσας ὅδε,
στράτευμ' ἐπακτὸν ἐμβαλὼν, ᾕρει πόλιν.
Οὕτω πετεινῶν τόνδ' ὑπ' οἰωνῶν δοκεῖ
ταφέντ' ἀτίμως, τοὐπιτίμιον λαβεῖν·
καὶ μήθ' ὁμαρτεῖν τυμβοχόα χειρώματα,
μήτ' ὀξυμόλποις προσσέβειν οἰμώγμασιν,
εἶναι δ' ἄτιμον ἐκφορᾶς φίλων ὕπο·
τοιαῦτ' ἔδοξε τῷδε Καδμείων τέλει.

ΑΝΤΙΓΟΝΗ.

Ἐγὼ δὲ Καδμείων γε προστάταις λέγω,
ἢν μήτις ἄλλος τόνδε συνθάπτειν θέλῃ,
ἐγώ σφε θάψω, κἀνὰ κίνδυνον βαλῶ [1],
θάψασ' ἀδελφὸν τὸν ἐμὸν, οὐδ' αἰσχύνομαι
ἔχουσ' ἄπιστον τήνδ' ἀναρχίαν πόλει.
Δεινὸν τὸ κοινὸν σπλάγχνον, οὗ πεφύκαμεν,

frère, pour Polynice, qui, si les dieux n'eussent arrêté son bras, eût saccagé la ville de Cadmus, son cadavre sans sépulture doit être la proie des chiens : sa mort même ne saurait le laver du sacrilége dont il s'est souillé envers les dieux de sa patrie, en amenant contre elle une armée étrangère. Livré sans honneur aux oiseaux du ciel, c'est d'eux qu'il recevra la sépulture dont il est digne : tombeau, chants funèbres, derniers soins rendus aux morts par des mains amies, il sera privé de tous ces hommages. Tel est l'arrêt du conseil de la ville de Cadmus.

ANTIGONE. Et moi, je le déclare à ces chefs de la ville de Cadmus : si personne ne veut m'aider à l'ensevelir, je l'ensevelirai seule ; pour ensevelir mon frère, je braverai tout péril, et je ne craindrai pas de désobéir aux lois du pays. C'est un lien puissant, que ces entrailles où nous avons reçu la vie d'une mère malheureuse et d'un père in-

ἀδελφὸν δὲ τούτου,
τόνδε νεκρὸν Πολυνείκους,
βαλεῖν ἔξω ἄθαπτον,
ἁρπαγὴν κυσὶν,
ὡς ὄντα ἀναστατῆρα
χθονὸς Καδμείας,
εἴ τις θεῶν
μὴ ἔστη ἐμποδὼν
τῷ δορὶ τοῦδε.
Κεκτήσεται δὲ καὶ θανὼν
ἄγος θεῶν πατρῴων,
οὓς ὅδε ἀτιμάσας,
ᾕρει πόλιν,
ἐμβαλὼν στράτευμα ἐπακτόν.
Οὕτω δοκεῖ τόνδε
ταφέντα ἀτίμως
ὑπὸ οἰωνῶν πετεινῶν,
λαβεῖν τὸ ἐπιτίμιον·
καὶ μήτε χειρώματα
τυμβοχόα
ὁμαρτεῖν,
μήτε προσσέβειν
οἰμώγμασιν ὀξυμόλποις,
εἶναι δὲ ἄτιμον
ἐκφορᾶς ὑπὸ φίλων·
τοιαῦτα ἔδοξε
τῷδε τέλει Καδμείων.
ΑΝΤΙΓΟΝΗ. Ἐγὼ δέ γε λέγω
προστάταις Καδμείων,
ἢν μήτις ἄλλος θέλῃ
συνθάπτειν τόνδε,
ἐγὼ θάψω σφε,
καὶ βαλῶ ἀνὰ κίνδυνον,
θάψασα τὸν ἐμὸν ἀδελφὸν,
οὐδὲ αἰσχύνομαι
ἔχουσα τήνδε ἀναρχίαν
ἄπιστον πόλει.
Δεινὸν
τὸ σπλάγχνον κοινὸν,
οὗ πεφύκαμεν,

mais le frère de lui,
ce-cadavre-ci de Polynice,
de *le*-jeter dehors sans-sépulture,
proie aux chiens,
comme étant dévastateur
de la terre Cadméenne,
si quelqu'un des dieux
ne se-fût-mis devant
la lance de celui-ci.
Et il possédera même étant-mort
la souillure des dieux de-la-patrie
lesquels celui-ci ayant-outragés,
allait-prendre la ville,
en-y-jetant une armée étrangère.
Ainsi paraît-il-*à-propos* celui-ci
enseveli sans-honneur
par les oiseaux-de-proie qui-volent,
recevoir *son* salaire :
et ni les-efforts-de-mains
qui-entassent-la-terre-des-tombeaux
ne l'accompagner,
ni *personne* ne-lui-rendre-hommage
par des lamentations d'un-ton-aigu,
mais *lui* être privé-de-l'honneur
du transport-*du corps* par des amis :
de telles-choses ont-paru-*à-propos*
à cette-magistrature-ci des Cadméens.
ANTIGONE. Et moi certes je dis
aux chefs des Cadméens,
si aucun autre ne-veut
ensevelir-avec-moi celui-ci,
moi j'ensevelirai lui,
et je-me-jetterai dans le péril,
ayant-enseveli mon frère,
et je ne rougis pas
ayant cette révolte
désobéissante à la ville.
Puissantes *sont*
les entrailles communes,
où nous sommes-nés,

μητρὸς ταλαίνης, κἀπὸ δυστήνου πατρός.
Τοιγὰρ θέλουσ' ἄκοντι κοινώνει κακῷ,
ψυχή, θανόντι ζῶσα συγγόνῳ φρενί.
Τούτου δὲ σάρκας οὐδὲ κοιλογάστορες
λύκοι σπάσονται· μὴ δοκησάτω τινί.
Τάφον γὰρ αὐτὴ καὶ κατασκαφὰς ἐγὼ,
γυνή περ οὖσα, τῷδε μηχανήσομαι,
κόλπῳ φέρουσα βυσσίνου πεπλώματος,
καὐτὴ καλύψω. Μηδέ τῳ δόξῃ πάλιν.
Θάρσει· παρέσται μηχανὴ δραστήριος.

ΚΗΡΥΞ.

Αὐδῶ πόλιν σε μὴ βιάζεσθαι τάδε.

ΑΝΤΙΓΟΝΗ.

Αὐδῶ σε μὴ περισσὰ κηρύσσειν ἐμοί.

ΚΗΡΥΞ.

Τραχύς γε μέντοι δῆμος ἐκφυγὼν κακά.

ΑΝΤΙΓΟΝΗ.

Τράχυν'· ἄθαπτος δ' οὗτος οὐ γενήσεται.

ΚΗΡΥΞ.

Ἀλλ' ὃν πόλις στυγεῖ, σὺ τιμήσεις τάφῳ;

ΑΝΤΙΓΟΝΗ.

Ἤδη τὰ τοῦδ' οὐ διατετίμηται θεοῖς.

fortuné. Partage donc, ô mon âme! partage volontairement son malheur involontaire; unis-toi vivante à lui mort, comme une fidèle sœur. Non, des loups affamés ne se repaîtront point de ses chairs; que personne ne le pense... Je ne suis qu'une femme, mais je saurai lui creuser un tombeau; je l'y porterai dans mes bras, enveloppé dans ces voiles de lin; que personne n'en doute. Sois tranquille; je ne manquerai ni d'adresse ni de force.

LE HÉRAUT. Je te somme de ne point résister à la volonté publique.

ANTIGONE. Je te somme, moi, de ne point m'annoncer des ordres inutiles.

LE HÉRAUT. Échappé au danger, le peuple est violent.

ANTIGONE. Violent ou non; mon frère ne restera pas sans sépulture.

LE HÉRAUT. Mais celui qu'exècre Thèbes, veux-tu l'honorer d'un tombeau?

ANTIGONE. Il y a longtemps que les dieux le laissent sans honneur.

μητρὸς ταλαίνης,	d'une mère malheureuse
καὶ ἀπὸ πατρὸς δυστήνου.	et d'un père infortuné.
Τοίγαρ, ψυχή,	Ainsi donc, *ô mon* âme,
κοινώνει θέλουσα	associe-toi le-voulant
κακῷ ἄκοντι,	à-*lui*-méchant malgré-lui,
ζῶσα θανόντι	vivante à-*lui*-mort
φρενὶ συγγόνῳ.	d'un esprit fraternel.
Λύκοι δὲ κοιλογάστορες	Mais des loups au-ventre-creux
οὐδὲ σπάσονται σάρκας τούτου·	ne déchirent pas les chairs de celui-ci :
μὴ δοκησάτω τινί.	que-cela-ne-paraisse-*bon* à-personne.
Ἐγὼ γὰρ αὐτή,	Car moi-même,
οὖσά περ γυνή,	tout-en-étant femme,
μηχανήσομαι τῷδε	je procurerai à celui-ci
τάφον	une tombe
καὶ κατασκαφάς,	et des excavations *de terre*,
φέρουσα κόλπῳ	portant *de la terre* dans les plis
πεπλώματος βυσσίνου,	de *ma* robe de-lin,
καὶ αὐτὴ καλύψω	et moi-même je-*le*-couvrirai.
Μηδὲ δόξῃ	Et qu'il-ne-paraisse
πάλιν τῳ.	autrement à personne.
Θάρσει· μηχανὴ δραστήριος	Rassure-toi : un expédient efficace
παρέσται.	sera *à moi*.
ΚΗΡΥΞ. Αὐδῶ σε	LE HÉRAUT. Je somme toi
μὴ βιάζεσθαι	de ne pas faire-violence
πόλιν τάδε.	à-la-ville en ces-*choses*-ci.
ΑΝΤΙΓΟΝΗ. Αὐδῶ σε	ANTIGONE. Je somme toi
μὴ κηρύσσειν	de ne pas proclamer
ἐμοὶ περισσά.	à moi des *choses*-inutiles.
ΚΗΡΥΞ. Μέντοι γε	LE HÉRAUT. Pourtant certes
δῆμος τραχὺς	le peuple *est* violent
ἐκφυγὼν κακά.	ayant-échappé aux maux.
ΑΝΤΙΓΟΝΗ. Τράχυνε·	ANTIGONE. Fais-le-violent ;
οὗτος δὲ οὐ γενήσεται	mais celui-ci ne-sera-pas
ἄθαπτος.	sans-sépulture.
ΚΗΡΥΞ. Ἀλλὰ σὺ	LE HÉRAUT. Mais toi
τιμήσεις τάφῳ	honoreras-tu d'un tombeau
ὃν πόλις στυγεῖ;	celui-que-la ville hait?
ΑΝΤΙΓΟΝΗ. Ἤδη	ANTIGONE. Déjà
τὰ τοῦδε	les *actions* de celui-ci
οὐ διατετίμηται θεοῖς.	n'ont-pas-été-honorées par les dieux.

ΚΗΡΥΞ.
Οὐ[1], πρίν γε χώραν τήνδε κινδύνῳ βαλεῖν.
ΑΝΤΙΓΟΝΗ.
Παθὼν κακῶς, κακοῖσιν ἀντημείβετο.
ΚΗΡΥΞ.
Ἀλλ' εἰς ἅπαντας ἀνθ' ἑνὸς τόδ' ἔργον ἦν.
ΑΝΤΙΓΟΝΗ.
Ἔρις περαίνει μῦθον ὑστάτη θεῶν.
Ἐγὼ δὲ θάψω τόνδε· μὴ μακρηγόρει.
ΚΗΡΥΞ.
Ἀλλ' αὐτόβουλος ἴσθ'· ἀπεννέπω δ' ἐγώ.
ΧΟΡΟΣ.
Φεῦ, φεῦ!
ὦ μεγάλαυχοι καὶ φθερσιγενεῖς
κῆρες Ἐριννύες, αἵτ' Οἰδιπόδα
γένος ὠλέσατε πρέμνοθεν οὕτως,
τί πάθω; τί δὲ δρῶ; τί δὲ μήσωμαι;
πῶς τολμήσω μήτε σε κλάειν,
μήτε προπέμπειν ἐπὶ τύμβῳ;
ἀλλὰ φοβοῦμαι κἀποτρέπομαι
δεῖμα πολιτῶν.
Σύ γε μὴν πολλῶν πενθητήρων
τεύξει· κεῖνος δ' ὁ τάλας ἄγοος
μονόκλαυτον ἔχων θρῆνον ἀδελφῆς
εἶσι. Τίς ἂν ταῦτα πίθοιτο;
ΗΜΙΧΟΡΙΟΝ α.
Δράτω[2] δὲ πόλις καὶ μὴ δράτω
τοὺς κλάοντας Πολυνείκην·

LE HÉRAUT. Non pas du moins avant qu'il eût jeté ce pays dans le danger.

ANTIGONE. Maltraité, il a rendu mal pour mal.

LE HÉRAUT. Mais au lieu d'attaquer un seul homme, il nous attaquait tous.

ANTIGONE. La dispute parmi les dieux se tait la dernière. J'ensevelirai mon frère; abrégeons ce discours.

LE HÉRAUT. Suis donc ta volonté; moi, je te le défends.

LE CHOEUR. Hélas! hélas! ô menaçantes furies, fléaux destructeurs des familles, vous qui avez ainsi perdu la race entière d'OEdipe! que devenir? que faire? à quoi m'arrêter? — (*A Polynice.*) Comment pourrais-je te refuser des pleurs et ne point t'accompagner au tombeau? Toutefois, la crainte du peuple m'intimide et me retient. (*A Étéocle.*) Pour toi, une foule en deuil va te suivre; et cet infortuné, son seul tribut sera les larmes d'une sœur. Qui peut y consentir?

PREMIER DEMI-CHOEUR. Que Thèbes punisse ou non ceux qui

ΚΗΡΥΞ. Οὔ, πρίν γε	LE HÉRAUT. Non ; avant du moins
βαλεῖν κινδύνῳ	*lui* avoir-jeté dans le danger
τήνδε χώραν.	ce-pays-ci.
ΑΝΤΙΓΟΝΗ. Παθὼν κακῶς,	ANTIGONE. Ayant-été-maltraité,
ἀντημείβετο κακοῖσιν.	il a répondu par des maux,
ΚΗΡΥΞ. Ἀλλὰ τόδε ἔργον	LE HÉRAUT. Mais cette-action-ci
ἦν εἰς ἅπαντας	était contre tous,
ἀντὶ ἑνός.	au lieu *d'être contre* un seul.
ΑΝΤΙΓΟΝΗ. Ἔρις	ANTIGONE. La dispute
περαίνει μῦθον	achève l'entretien,
ὑστάτη θεῶν.	la dernière d'entre-les-dieux.
Ἐγὼ δὲ θάψω τόνδε ·	Mais moi j'ensevelirai celui-ci :
μὴ μακρηγόρει.	ne parle-pas-longuement.
ΚΗΡΥΞ. Ἀλλὰ ἴσθι	LE HÉRAUT. Mais sois
αὐτόβουλος ·	persistant-dans-ton-projet :
ἐγὼ δὲ ἀπεννέπω.	pour moi je *le* défends.
ΧΟΡΟΣ. Φεῦ, φεῦ !	LE CHOEUR. Hélas ! hélas !
Ὦ Ἐριννύες κῆρες	ô furies déesses-fatales,
μεγάλαυχοι	orgueilleuses
καὶ φθερσιγενεῖς,	et destructrices-des-familles,
αἵτε ὠλέσατε	qui avez perdu
γένος Οἰδίπου	la race d'OEdipe
οὕτως πρέμνοθεν,	ainsi de-fond-en-comble,
τί πάθω ; τί δὲ δρῶ ;	qu'éprouverai-je ? et que ferai-je ?
τί δὲ μήσωμαι ;	et que résoudrai-je ?
πῶς τολμήσω	Comment oserai-je
μήτε κλάειν σε,	et-ne-pas-pleurer toi,
μήτε προπέμπειν ἐπὶ τύμβῳ ;	et-ne-pas-*t'*accompagner au tombeau ?
Ἀλλὰ φοβοῦμαι καὶ ἀποτρέπομαι	Mais je crains et je-cherche-à-éviter
δεῖμα πολιτῶν.	la-colère-effrayante des citoyens.
Σύ γε μὴν τεύξει	Toi du moins tu rencontreras
πολλῶν πενθητήρων ·	de nombreux pleureurs :
κεῖνος δὲ ὁ τάλας	mais celui-là le-malheureux
εἶσιν ἄγοος	ira sans-larmes,
ἔχων θρῆνον μονόκλαυτον	ayant le deuil pleurant-seul
ἀδελφῆς.	d'une sœur.
Τίς ἂν πίθοιτο ταῦτα ;	Qui se-résignerait à ces *choses* ?
ΗΜΙΧΟΡΙΟΝ α'. Πόλις δὲ	DEMI-CHOEUR 1er. Mais que-la-ville
δράτω καὶ μὴ δράτω	fasse et ne-fasse-pas *de mal*
τοὺς κλάοντας Πολυνείκην ·	à ceux pleurant Polynice :

ἡμεῖς μὲν ἴμεν, καὶ ξυνθάψομεν
αἵδε πρόπομποι. Καὶ γὰρ γενεᾷ
κοινὸν τόδ' ἄχος, καὶ πόλις ἄλλως
ἄλλοτ' ἐπαινεῖ τὰ δίκαια.

ΗΜΙΧΟΡΙΟΝ β.

Ἡμεῖς δ' ἅμα τῷδ', ὥσπερ τε πόλις
καὶ τὸ δίκαιον ξυνεπαινεῖ.
Μετὰ γὰρ μάκαρας καὶ Διὸς ἰσχὺν,
ὅδε Καδμείων ἤρυξε πόλιν
μὴ ἀνατραπῆναι, μηδ' ἀλλοδαπῶν
κύματι φωτῶν
κατακλυσθῆναι ταμάλιστα.

pleureront Polynice, nous irons, nous aiderons à l'ensevelir. D'ailleurs sa naissance lui donne également droit à nos regrets, et souvent le peuple varie dans ses règles de justice.

SECOND DEMI-CHOEUR. Nous, nous suivrons Étéocle, ainsi que le veulent et le peuple et la justice tout ensemble. Car, après les immortels, après le puissant Jupiter, c'est lui surtout qui a préservé de la ruine la ville de Cadmus; c'est lui qui a repoussé le flot d'étrangers prêt à l'engloutir.

ἡμεῖς μὲν ἴμεν,	nous d'une-part nous-irons
καὶ ξυνθάψομεν	et nous-l'ensevelirons-avec-elle,
αἵδε πρόπομποι.	*nous* ici l'accompagnant.
Καὶ γὰρ τόδε ἄχος	Et en-effet cette-douleur-ci
κοινὸν γενεᾷ,	*est* commune à-*sa*-race,
καὶ πόλις ἐπαινεῖ τὰ δίκαια	et la ville loue les-choses-justes
ἄλλοτε	*tantôt* d'une manière
ἄλλως.	*tantôt* d'une autre.
ΗΜΙΧΟΡΙΟΝ β'. Ἡμεῖς δὲ	DEMI-CHOEUR 2e. Quant-à-nous
ἅμα τῷδε	*nous irons* avec celui-ci
ὥσπερ ξυνεπαινεῖ	comme *le*-louent-de-concert
πόλις τε καὶ τὸ δίκαιον.	et la ville, et la justice.
Μετὰ γὰρ μάκαρας	Car après les dieux
καὶ ἰσχὺν Διός,	et la puissance de Jupiter,
ὅδε ἤρυξε τὰ μάλιστα	celui-ci a empêché le-plus
πόλιν Καδμείων,	la ville des Cadméens
μὴ ἀνατραπῆναι	d'être renversée'
μηδὲ κατακλυσθῆναι	et d'être submergée
κύματι φωτῶν ἀλλοδαπῶν.	par un flot d'hommes étrangers.

NOTES

SUR LES SEPT CONTRE THÈBES

Page 4. — 1. Ἑπτὰ ἐπὶ Θήβας. La traduction ordinaire est : *Les sept chefs devant Thèbes*. Nous avons cru traduire plus fidèlement en disant : *Les sept contre Thèbes*.

— 2. Ἐπὶ Θήβας. La plupart des manuscrits portent ἐπὶ Θήβαις. Nous avons adopté l'autre leçon d'après tous les auteurs anciens qui citent cette pièce. (V. Eustathe, sur *l'Iliade*, chant IV, et les *Grenouilles* d'Aristophane.)

Page 6. — 1. Ὥραν, *ætatem*, préférable à ὤραν, *curam*.

— 2. Πανδοκοῦσα. Ce verbe ne se trouve que dans Eschyle. La barque de Charon est appelée πανδόκος. (πανδοκεὺς, aubergiste).

— 3. Ἐν ὠσὶ νωμῶν καὶ φρεσὶν, agitant dans son oreille et dans son esprit, c'est-à-dire, agitant dans son esprit ce qu'il entend, réfléchissant sur ce qu'il entend.—Tirésias, le devin dont il s'agit ici, était aveugle.

Page 8. — 1. Μὴ ματᾶν ὁδῷ, ne pas faire une route inutile. — Blomfield explique : *Ne pas s'amuser en route*.

— 2. Τἀκεῖθεν dépend de ἥκω par sa forme, quoiqu'il faille le joindre en traduisant à στρατοῦ.

Page 10. — 1. Τάγευσαι, aor. 1er, impér. moy.

Page 12. — 1. Δόμους ἐφεστίους, les maisons où vous êtes honorés, où les foyers vous sont consacrés (Stanley). — Les familles grecques, indigènes (Blomfield). Nous préférons le premier sens.

— 2. Μεθεῖται, est lâchée. Parf. pass. de μεθίημι.

Page 14. — 1. Βοᾷ, avec des cris. Datif dorien, et non troisième personne de βοάω. La suppression de la préposition σὺν est fréquente chez les Grecs.

— 2. Θεαινᾶν. Leçon des manuscrits. On lit ordinairement θεᾶν.

— 3. Μάκαρες, véritable substantif, synonyme de θεοί.

— 4. Ἀγάστονοι, déplorables, malheureuses que nous sommes, d'après Schütz.

— 5. Δοχμολόφων, aux panaches obliques, c'est-à-dire, *rendus obliques par l'agitation*, ou tout simplement *agités*.

Page 16.—1. Δορυσσόοις, de δορύσσοος, *qui lance le javelot*, plutôt que, *qui repousse le javelot*. (De δόρυ, σεύω, mieux que de δόρυ σώζω).

— 2. Πύλαις ἑβδόμαις, *aux sept portes*, et non *à la septième porte*.

— 3. Ἄτε γένους προμάτωρ, toi qui es la première mère de notre race. D'autres traduisent ἅτε, *en qualité de, en tant que*.

— 4. Λύκει' ἄναξ. Ce surnom d'Apollon lui venait sans doute de la Lycie, où il était adoré; on le fait aussi venir de λύκος, loup; et dans ce cas, λύκειος est pris comme *destructeur de loups*. C'est dans ce dernier sens qu'il le faut prendre ici.

Page 18. — 1. Τόξον εὖ πυκάζου, *prends bien ton arc, arme-toi bien de ton arc*, plutôt que, *arme bien ton arc, garnis-le bien*.

— 2. Τί πόλις ἄμμι πάσχει, littéralement : Que va *nous* souffrir la ville? et non : Que va souffrir *notre* ville? — On dit de même en français familièrement : Veux-tu bien *me* décamper?

— 3. Ὄγκα. On croit que c'était le nom phénicien de Minerve. Cadmus lui avait élevé un temple hors de la ville, près des portes, qui de ce nom furent appelées Ὀγκαΐδες.

Page 20. — 1. Κρατοῦσα μὲν γάρ.... Nominatif suspendu sans complément, comme dans les Psaumes : Deus, in cœlo sedes ejus sunt. — Racine a dit aussi :

> Et *moi-même*, malgré ma sévère rigueur,
> Quelle plaintive voix crie au fond de mon cœur!

Page 22. — 1. Βουλεύσεται, voix moyenne, signification passive.

— 2. Τίθει, impératif, comme si l'indicatif était τιθέω. Τίθημι fait régulièrement à l'impératif τίθετι.

— 3. Ἱππικῶν... Tous ces génitifs peuvent se rapporter ou à ἀκούσασα ou à ὄτοβον. Dans le premier cas, ἀκούσασα aurait deux régimes différents, ce qui n'est pas sans exemple. Nous avons préféré la seconde explication.

Page 24. — 1. Ἤρθην, aor. 1er pass. de αἴρω, élever; signification moyenne, *je me suis élevée*.

— 2. Ἀπτόμενον. Deux sens, suivant que l'on regarde ἁπτόμενον comme moyen ou comme passif. Moyen, il faut prendre στράτευμα pour l'armée ennemie, et le sens est : ... ni l'armée (ennemie) attaquant *notre ville* avec le feu. — Passif, il faut voir dans στράτευμα l'armée de Thèbes, et par suite, la ville de Thèbes elle-même; alors on traduira : .... ni *notre* armée brûlée par le feu ennemi. C'est ce dernier sens que nous avons adopté.

— 3. Γυνή, entre virgules, nominatif pour vocatif. — Σωτῆρος, apposition à εὐπραξίας. « L'obéissance, ô femme, est mère du succès qui sauve. »

— 4. Ἔστι θεοῖς δὲ.... et non ἔστι θεοῖς δέ. — Sous-entendre ἐστὶ devant καθυπερτέρα.

— 5. Τὸν ἀμήχανον, correction d'après Blomfield, pour τὰν ἀμήχανον, que donnent les manuscrits ; et plus bas, κρημναμενᾶν νεφελᾶν (génitif absolu), pour κρημναμέναν νεφέλαν (accusatif singulier). κὰκ au lieu de καὶ ἐκ.

Page 26. — 1. Τίς τάδε.... Le scholiaste lit τί τάδε.... ; mais l'idée reste toujours la même.

— 2. Φόβῳ. D'autres φόνῳ.

Page 28. — 1. Γῆθεν. Stanley et Schütz, δῆθεν.

— 2. Οὐ σῖγα ;—σῖγα, adverbe. Il ne peut être pris pour l'impératif de σιγάω, car l'α serait long, et la pénultième changerait le circonflexe en aigu (σίγα). — Sous-entendre μενεῖς après σῖγα. « *ne resteras-tu pas en silence?* »

— 3. Ἄνδρες (correction d'après Schütz pour ἄνδρας), sous-entendu εἰσίν. Avec ἄνδρας, on sous-entendrait ὤπασας du vers précédent.

Page 30. — 1. Λέγοις ἄν, pour λέγε, impératif adouci.

— 2. Εὖ ξυντυχόντων, sous-entendu πραγμάτων.

— 3. Αἱμάσσοντας, ταυροκτονοῦντας, s. e. ἡμᾶς.

Page 32. — 1. Ἐγὼ δέ γ' ἄνδρας ἕξ, correction de M. Boissonade, au lieu de ἐγὼ δ' ἐπὶ ἄνδρας ἕξ, des anciennes éditions. En suivant cette dernière leçon, on joindrait ἐπὶ à τάξω, du vers 284.

— 2. Ὑπερδέδοικα..., πάντρομος..., corrections pour ὑπερδέδοικε..., πάντροφος, leçon des manuscrits.

— 3. Δυσευνήτειρα λεχέων, *mal couchée dans sa couche*, pléonasme comme dans ces autres phrases : Τιμῆς ἄτιμος, ἄνοσος κακῶν, veuve de son mari, etc.

Page 34. — 1. Τηθύος, de Téthys (qu'il ne faut pas confondre avec Thétis, mère d'Achille). Cette dernière était fille de Nérée ; mais Téthys était fille de Cœlus et de Vesta, sœur de Saturne, femme de Neptune, mère des fleuves et des nymphes.

— 2. Περιῤῥηγνυμένων, génitif absolu, aussi bien que ὀλλυμένας, du vers 331.

Page 36. — 1. Διαμεῖψαι δωμάτων στυγερὰν ὁδὸν, comme s'il y avait διαμεῖψαι δώματα (ἀντὶ) στυγερᾶς ὁδοῦ.

Page 38. — 1. Τλῆμον' εὐνὰν, correction d'après Scaliger. Les anciennes éditions donnent τλήμονες. Τλήμονες jouerait alors le rôle de participe, et gouvernerait εὐνὰν αἰχμάλωτον.

— 2. Καταρτίζει, d'après un manuscrit de Florence (*non componit, non quiescere facit*). Les autres éditions donnent ἀπαρτίζει, différemment interprété par les commentateurs. Hermann lit καταργίζει, (*moratur*), mot forgé.

Page 40.— 1. Τυδεύς. Tydée, fils d'Œnée et de Péribée, gendre d'Adraste, dont il avait épousé la fille Déiphile; frère de Déjanire et père de Diomède.

— 2. Πύλαισι Προιτίσι, les portes de Prœtus (ancien héros de Thèbes). On n'est pas d'accord sur les noms des portes de Thèbes. Ce sont, d'après Eschyle, les portes de Prœtus, d'Électre, de Néis, d'Oncé, de Borée, d'Homole, et septième (ἕβδομαι).

— 3. Ὁ μάντις. Il s'agit ici d'Amphiaraüs, beau-frère d'Adraste, dont il avait épousé la sœur Ériphyle.

— 4. Μάχης δ' ἐρῶν ἵππος, χαλινῶν.... ὁρμαίνοι... κλύων, corrections pour : Μάχης ἐρῶν (entre virgules), ἵππος χαλινῶν... ὁρμαίνει... μένων. — D'après la leçon que nous donnons, μάχης δ' ἐρῶν se rapporte à ἵππος, μένει à Tydée, et ὅστις à ἵππος. Je conviens que cette construction est un peu embarrassée. Voici la leçon de Brunck :

Βοᾷ παρ' ὄχθαις ποταμίαις · μάχης δ' ἐρῶν
ἵππος χαλινῶν ὡς κατασθμαίνων μένει,
ὅστις βοὴν σάλπιγγος ὁρμαίνει μένων.

On choisira entre les deux.

Page 42. — 1. Σπαρτῶν δ' ἀπ' ἀνδρῶν. Littéralement, *des hommes semés*, c'est-à-dire des hommes nés des dents du dragon tué par Cadmus. Ils s'étaient tous entretués, à l'exception de cinq qui avaient survécu (ὧν Ἄρης ἐφείσατο).

Page 44. — 1. Καπανεύς.— Capanée, fils d'Hipponoüs, avait épousé la fille d'Iphis, roi d'Argos, qui régnait avec Adraste.

— 2. Ἠλέκτραισιν. Ainsi nommée d'Électre, sœur de Cadmus.—Un point en haut après πύλαις. D'autres mettent seulement une virgule, et traduisent alors γίγας ὅδ' ἄλλος, du vers suivant, par « cet autre géant. » Avec notre ponctuation, nous traduisons : « Cet autre (est un) géant », ce qui fait, je crois, un meilleur sens.

— 3. Καὶ τῷδε κέρδει... Ce vers suppose une ellipse : « (j'ai des guerriers à lui opposer), et, de plus, à cet avantage s'en joint un autre.

— 4. Ἀπειλεῖ, δρᾶν παρεσκευασμένος. Quelques-uns suppriment la virgule après ἀπειλεῖ, mais sans raison, ce me semble. Schütz, critiquant toutes les interprétations de ce passage, propose de lire παρεσκευασμένους, et supprimant la virgule après ce mot, le rapporte à θεοὺς du vers suivant. Je crois qu'il vaut mieux s'en tenir à la leçon et à la ponctuation que nous avons suivies d'après M. Boissonade.

Page 46. — 1. Πωλικῶν, même sens que παρθενικῶν, *virginales*. Πῶλος proprement *poulain*, se dit aussi d'une jeune fille et d'un jeune garçon. Exemples : « Πῶλε Θρηϊκίη », (Anacréon, LX, 1). — « Ἐπὶ πῶλον (Hélène) », (Euripide, Rhesus, 261). — « Κακῆς γυναικὸς πῶλον (Hermione) ». (Id. Andromaque 621) », etc.

— 2. Νηίταισι, la porte de Néis. Néis, fille de Zethus, père d'Amphion.

Page 48. — 1. Προσαμβάσεις, d'un seul mot, au lieu de πρὸς ἀμβάσεις des anciennes éditions. Στείχει doit être regardé comme un verbe actif.

— 2. Τῳ pour τινί. — Του et τῳ signifiant τινός et τινί, se prennent pour tous les genres.

— 3. Κρέοντος. Le même qui régna après Étéocle et Polynice; frère de Jocaste.

Page 50. — 1. Ἰώ! πρόμαχε. Apostrophe à Mégarée absent.

Page 52. — 1. Ὑπέρβιος δέ. Ce δέ répond à πρῶτον μέν du vers précédent.

Page 54. — 1. Μητρὸς ἐξ ὀρεσκόου. Il s'agit ici d'Atalante la chasseresse.

Page 56. — 1. Παρθενοπαῖος. Parthénopée, fils d'Atalante, fille d'Iasus, roi d'Arcadie. Ne pas le confondre avec un autre Parthénopée, neveu d'Adraste.

— 2. Ἐργμάτων, obstacles, au lieu de ἐργμάτων, actions.

— 3. Ἔξω πυλῶν au lieu de ἔσω πυλῶν. Πυλῶν dans le sens de ἕρκος ὀδόντων.

Page 58. — 1. Ἢ 'ξωθεν, avec un esprit rude. Cet ἣ se rapporte au Sphinx.

— 2. Ὁμολωίσιν. La porte d'Homoloïs ou d'Homole. — Homoloïs, fille de Niobé. — Homole, montagne de Thessalie, voisine de Tempé.

— 3. Προσμολών d'après les manuscrits, au lieu de πρόσμορον, qui est une correction proposée. Πρόσμορον, en effet, est un mot qui ne se trouve nulle part; le scholiaste l'explique : *destiné à la mort*. D'ailleurs, avec πρόσμορον, le vers serait faux.

Page 60. — 1. Μητρὸς πηγήν. Très-obscur. Nous entendons avec le scholiaste : *Les larmes de la patrie*. Schütz croit que μητρός est dit ici de Jocaste, et propose de lire ainsi tout le vers :

Μητρὸς δὲ πηγή τις κατασβέσει δίκην ;

changement inutile.

Page 62. — 1. Ξυμπολίταις, mieux que ξὺν πολίταις en deux mots. Ce datif est la suite de ταὐτοῦ (v. 193).

— 2. Βίᾳ φρενῶν, invito animo, malgré lui.

Page 64.—1. Ἀντιτάξομεν, γέροντα....φύσει, ... ὄμμα. Φύσει est une correction qui ne me paraît pas très-heureuse. Φέρει des anciennes éditions me semble préférable ; mais j'ai cru devoir suivre le texte de M. Boissonade. — Brunck propose τρέφει, qui ne convient guère que pour σάρκα ἡβῶσαν.

— 2. Ἑβδόμαις πύλαις. Cette porte se nommait Dircée ou Crénéide. Comme les six autres sont nommées, et qu'il n'y en a que sept, l'envoyé se dispense de nommer la septième.

Page 66. — 1. Ἀνδρὶ τῷδε, à cet homme, c'est-à-dire à moi. Cette expression ἀνὴρ ὅδε, pour dire *moi*, est très-fréquente en grec comme en latin.

— 2. Μὴ καί... « De peur qu'un gémissement plus déplorable (celui des femmes du chœur) ne soit engendré. »

Page 68. — 1. Προσεῖδε καὶ κατηξιώσατο. Figure ἓν διὰ δυοῖν. *Aspectu dignata est*, daigna le regarder. — D'autres lisent προσεῖπε au lieu de προσεῖδε.

— 2. Μᾶλλον ἐνδικώτερος. Pléonasme, comme en français : *plus inférieur*.

Page 70. — 1. Καὶ μέμονας ; « *et tu persistes?* » μέμονας, parfait second de μένω (inusité dans ce sens). De μένω vient aussi μένος, fureur, ardent désir. D'autres écrivent τί μέμηνας ; « pourquoi cette fureur? » (de μαίνομαι).

Page 74. — 1. Οἰδιπόδα, génitif dorien pour Οἰδιπόδαο, de Οἰδιπόδης ou Οἰδιπόδας ; car les Doriens changent l'η en α, même au nominatif.

Page 76. — 1. Φθιμένους, correction de Brunck, qui rend la construction bien plus nette. Les anciennes éditions donnent φθιμένοις, datif embarrassant, mais qu'on pourrait cependant expliquer, en le regardant logiquement comme un accusatif, et grammaticalement comme un datif d'attraction s'accordant avec αὐτοῖς, régime indirect, sous-entendu de διαπήλας.

Page 78.—1. Ματρὸς ἁγνάν, d'après les anciennes éditions. Remarquez σπείρας avec deux compléments directs (ἄρουραν ἁγνὰν μητρὸς et ῥίζαν αἱματόεσσαν). — D'autres donnent μὴ πρὸς ἁγνάν, qu'il faut entendre comme s'il y avait πρὸς μὴ ἁγνάν.

— 2. Τὸ μὲν πιτνόν (κῦμα)· ἄλλο δ' ἀείρει.... « (un flot) tombe, (allusion au malheur d'OEdipe), un autre s'élève (allusion au combat des deux frères). Ἀειρει, sens intransitif. — Τρίχαλον, même sens que τρικυμία (v. Prométh., v. 1023); proprement le troisième flot, qui passait pour plus terrible que les autres; ici τρίχαλον a le sens de *terrible*.

Page 80. — 1. Δίδυμα κάκ' ἐτέλεσεν, il accomplit deux malheurs (allusion à sa cécité et à la malédiction qu'il lança contre ses fils).

— 2. 'Επικότους τροφᾶς, *irritées à cause de la nourriture,* c'est-à-dire pour avoir nourri de tels enfants; ou bien : *irritées à cause de la nourriture* (que lui donnaient ses enfants). Dans les anciennes éditions, on lit ἐπικότους τροφάς, qui ne saurait s'expliquer qu'en forçant le sens de τροφάς.

— 3. Σιδαρονόμῳ, potest esse vel *ferrum dirigenti*, vel *ferrum distribuenti*, dit Blomfield. Il est certain que le premier sens est plus conforme au sens des composés en νόμος. Cependant nous adoptons, avec M. Mablin, le second comme plus conforme aux idées de partage répandues dans tout ce morceau.

— 4. Καμψίπους, *pliant les pieds*, *agile*. D'autres entendent : *courbant les pieds des criminels*, c'est-à-dire, *ne les laissant pas fuir*, sens forcé.

— 5. Παῖδες μητέρων τεθραμμέναι. Prendre ce dernier mot dans le sens d'un simple adjectif, *nourrissons de vos mères*, pour dire que ce ne sont pas des aventurières (d'après M. Mablin). J'avoue que j'entendrais plutôt comme le scholiaste, ὑπὸ μητέρων ἁπαλῶς τεθραμμέναι, c'est-à-dire δειλαί, vous qui êtes bien les délicates filles de vos mères, c'est-à-dire, faibles femmes que vous êtes.

— 6. 'Εβδομαγέτας, qui préside au septième jour. Le septième jour était consacré à Apollon. Explication plus naturelle que vingt autres que l'on a voulu donner à ce mot.

Page 84. — 1. Ἕξουσι δ' ἣν λάβωσιν, comme s'il y avait ὃ λάβωσιν, ils auront ce qu'ils prendront de terre. Au lieu de mettre le relatif au neutre, le poëte l'accorde par attraction avec χθονός.

— 2. Χαίρω κἀπολολύξω... κλαύσω, trois subjonctifs, dont le premier est un présent, et les deux autres sont des aoristes premiers.

— 3. Γένεος Οἰδίπου τ' ἀρά, malédiction contre la race d'OEdipe, et prononcée par OEdipe. Ces deux génitifs, pris dans un sens différent, ont conduit les commentateurs à proposer plusieurs changements; mais je crois qu'il faut s'en tenir à une leçon qui est celle de tous les manuscrits.

Page 86. — 1. Τὰν ἄστονον... θεωρίδα, la barque où l'on ne se contente pas de gémir, mais où l'on pleure; en prenant α dans le sens de privation, et voyant dans στόνος une opposition à δάκρυα. C'est ainsi que ἀσταγής signifie *qui ne coule pas goutte à goutte, mais à torrents*. Cependant, il serait peut-être mieux d'expliquer ἄστονον par *pleine de gémissements*, en donnant à l'α le sens augmentatif. Nous avons suivi ce dernier sens, donné par Blomfield et adopté par M. Mablin.

— 2. Νεκυοστόλον, correction de M. Boissonade, au lieu de ναυστόλον.

— 3. Θεωρίδα, proprement, la barque qui portait à Délos une députation tous les ans pour accomplir un vœu fait à Apollon par Thésée, en reconnaissance de ce qu'il avait tué le Minotaure. Ici θεωρίδα est pris pour la barque de Charon.

Page 88. — 1. Ἀίδα, génitif. D'autres lisent Ἀΐδᾳ, datif.

— 2. Διήλλαχθε, sens moyen, *vous vous êtes réconciliés*. Ce vers est suivi, dans les anciennes éditions et dans les manuscrits, de deux autres :

Οὐκ ἐπὶ φιλίᾳ
ἀλλ' ἐπὶ φόνῳ διεκρίθητε,

que nous rejetons avec M. Boissonade, comme n'étant autre chose que la glose du scholiaste, et nuisant à la symétrie du chœur.

Page 90. — 1. Ἐπιγόνοις. Ce n'est pas une allusion aux Épigones. Il s'agit ici des *successeurs* d'Étéocle et de Polynice, et non de leurs *enfants;* ils n'en avaient pas.

Page 92. — 1. Ἃ se rapporte à φρενός.

— 2. Τοῖνδε, génitif régi par ἕνεκα, qui est sous-entendu.

Page 94. — 1. Χώματι, correction de M. Boissonade, d'après Blomfield. Les autres éditions donnent σώματι, qu'il est bien difficile d'expliquer d'une manière raisonnable.

— 2. Ἄτας τρόπαιον, le trophée d'Até (personnification du mal).

Page 98. — 1. Τάδε (ἡμέτερα), sous-entendu ἄχεα, et non τάδε, duel féminin pour ἡμεῖς. Une telle interprétation serait peu naturelle, et d'ailleurs la quantité s'y oppose.

Page 100.— 1. Ἀντηρέτας, se rapporte à Étéocle et non à Polynice, dont il a été question au vers précédent. En général, les deux sœurs parlent toujours, Ismène d'Étéocle, et Antigone de Polynice.

Page 104. — 1. Βαλῶ a ici le sens moyen : *Je me jetterai*.

Page 108.— 1. Οὔ, *non, ce que tu dis est faux ; il n'est pas vrai que les dieux ne l'aient pas honoré avant qu'il ait jeté ce pays dans le malheur.*

— 2. Δράτω, sous-entendu κακῶς.

LIBRAIRIE DE L. HACHETTE ET Cie,
RUE PIERRE-SARRAZIN, 14, A PARIS
(Près de l'École de médecine).

LES AUTEURS LATINS

EXPLIQUÉS D'APRÈS UNE MÉTHODE NOUVELLE PAR DEUX TRADUCTIONS FRANÇAISES,

L'une littérale et *juxtalinéaire*, présentant le mot à mot français en regard des mots latins correspondants ; l'autre correcte et précédée du texte latin ; avec des Sommaires et des Notes en français, par une Société de Professeurs et de Latinistes. Format in-12.

Cette collection comprendra les principaux auteurs qu'on explique dans les classes

EN VENTE :

	fr.	c
CÉSAR : *Guerre des Gaules*, par M. Sommer. 2 volumes	9	»
Livres I, II, III et IV. 1 volume	4	»
Livres V, VI et VII. 1 volume	5	»
CICÉRON : *Catilinaires* (les quatre), par M. J. Thibault	2	»
La première Catilinaire, séparément	»	50
— *Dialogue sur l'Amitié*, par M. Legouëz, professeur au lycée Bonaparte	1	25
— *Dialogue sur la Vieillesse*, par MM. Paret et Legouëz	1	25
— Discours contre Verrès *sur les Statues*, par M. J. Thibault, de l'ancienne École normale	3	»
— Discours contre Verrès *sur les Supplices*, par M. O. Dupont	3	»
— *Discours pour la loi Manilia*, par M. Lesage	1	50
— *Discours pour Ligarius*, par M. Materne	»	75
— *Discours pour Marcellus*, par le même	»	75
— *Plaidoyer pour le poëte Archias*, par M. Chansselle	»	90
— *Plaidoyer pour Milon*, par M. Sommer, agrégé des classes supérieures	1	50
— *Plaidoyer pour Muréna*, par M. J. Thibault	2	50
— *Songe de Scipion*, par M. Ch. Pottin	»	50
CORNELIUS NEPOS : *Vies des grands Capitaines*, par M. Sommer	»	»
HORACE : *Art poétique*, par M. Taillefert, proviseur du lycée d'Orléans	»	75
— *Epîtres*, par le même auteur	2	»
— *Odes* et *Épodes*, par MM. Sommer et A. Desportes. 2 vol	4	50
Le 1er et le 2e livre des *Odes*, séparément, 1 vol. 2 fr. » c.		
Le 3e et le 4e livre des *Odes* et les *Épodes*, séparément 2 fr. 50 c.		
— *Satires*, par les mêmes auteurs	2	»
LHOMOND : *Epitome historiæ sacræ*	3	»
PHÈDRE : *Fables*, par M. D. Marie, ancien élève de l'École normale	2	»
SALLUSTE : *Catilina*, par M. Croiset, professeur au lycée Saint-Louis	1	50
— *Jugurtha*, par le même	3	50
TACITE : *Annales*, par M. Materne, censeur du lycée Saint-Louis. 4 vol.	18	»
Livres I, II et III. 1 volume	6	»
Le Ier livre séparément	2	50
Livres IV, V et VI. 1 volume	4	»
Livres XI, XII et XIII. 1 volume	4	5
Livres XIV, XV et XVI. 1 volume	4	»
— *Germanie* (la), par M. Doneaud, licencié ès lettres	1	
— *Vie d'Agricola*, par M. H. Nepveu	1	75

	fr.	c.
TÉRENCE : *Adelphes* (les), par M. Materne	2	»
— *Andrienne* (l'), par le même	2	50
VIRGILE : *Eglogues* ou *Bucoliques*, par MM. Sommer et A. Desportes	1	»
La première Eglogue, séparément	»	30
— *Énéide*, par les mêmes, 4 volumes	16	»
Livres I, II et III, réunis. 1 volume	4	»
Livres IV, V et VI, réunis. 1 volume	4	»
Livres VII, VIII et IX, réunis. 1 volume	4	»
Livres X, XI et XII, réunis. 1 volume	4	»
Chaque livre séparément	1	50
— *Géorgiques* (les quatre livres), par les mêmes	2	»
Chaque livre séparément	»	60

LES
AUTEURS GRECS
EXPLIQUÉS
D'APRÈS UNE MÉTHODE NOUVELLE PAR DEUX TRADUCTIONS FRANÇAISES,

L'une littérale et *juxtalinéaire*, présentant le mot à mot français en regard des mots grecs correspondants; l'autre correcte et précédée du texte grec; avec des Sommaires et des Notes en français; par une Société de Professeurs et d'Hellénistes. Format in-12.

Cette collection comprendra les principaux auteurs qu'on explique dans les classes.

EN VENTE :

	fr.	
ARISTOPHANE : *Plutus*, par M. Cattant, professeur au lycée de Nancy	2	25
BABRIUS : *Fables*, par MM. Théobald Fix et Sommer	4	»
BASILE (SAINT) : *De la lecture des auteurs profanes*, par M. Sommer	1	25
— *Observe-toi toi-même*, par le même	»	90
— *Contre les usuriers*, par le même	»	75
CHRYSOSTOME (S. JEAN) : *Homélie en faveur d'Eutrope*, par M. Sommer	»	60
— *Homélie sur le retour de l'évêque Flavien*, par le même	1	»
DÉMOSTHÈNE : *Discours contre la loi de Leptine*, par M. Stiévenart	3	50
— *Discours pour Ctésiphon ou sur la Couronne*, par M. Sommer	3	50
— *Harangue sur les prévarications de l'Ambassade*, par M. Stiévenart	6	»
— *Olynthiennes* (les trois), par M. C. Leprévost	1	50
Chaque Olynthienne séparément	»	50
— *Philippiques* (les quatre), par MM. Lemoine et Sommer	2	»
Chaque Philippique séparément	»	60
ESCHINE : *Discours contre Ctésiphon*, par M. Sommer	4	»
ESCHYLE : *Prométhée enchaîné*, par MM. Le Bas et Théobald Fix	2	»
— *Sept contre Thèbes* (les), par M. Materne, censeur du lycée Saint-Louis	1	50
ÉSOPE : *Fables choisies*, par M. C. Leprévost	»	75
EURIPIDE : *Électre*, par M. Théobald Fix	3	»
Hécube, par M. C. Leprévost, professeur au lycée Bonaparte	2	»
Hippolyte, par M. Théobald Fix	3	50
— *Iphigénie en Aulide*, par MM. Théobald Fix et Le Bas	3	25

SUITE DES AUTEURS GRECS.

	fr.	c.
GRÉGOIRE DE NAZIANZE (S.): *Éloge funèbre de Césaire*, par le même.	»	25
— *Homélie sur les Machabées*, par le même	»	25
GRÉGOIRE DE NYSSE (SAINT): *Contre les usuriers*, par M. Sommer...	»	75
— *Éloge funèbre de saint Mélèce*, par le même	»	75
HOMÈRE: *Iliade*, par M. C. Leprévost, prof. au lycée Bonaparte. 6 vol....	20	»
Chants I, II, III et IV réunis. 1 volume	3	50
Chants V, VI, VII et VIII réunis. 1 volume	3	50
Chants IX, X, XI et XII réunis. 1 volume	3	50
Chants XIII, XIV, XV et XVI réunis. 1 volume	3	50
Chants XVII, XVIII, XIX et XX réunis. 1 volume	3	50
Chants XXI, XXII, XXIII et XXIV réunis. 1 volume	3	50
Chaque chant séparément	1	»
Odyssée, par M. Sommer, agrégé des classes supérieures. 6 vol	24	»
Chants I, II, III et IV réunis. 1 volume	4	»
Le premier chant, séparément	»	90
Chants V, VI, VII et VIII réunis. 1 volume	4	»
Chants IX, X, XI et XII réunis. 1 volume	4	»
Chants XIII, XIV, XV et XVI réunis. 1 volume	4	»
Chants XVII, XVIII, XIX et XX réunis. 1 volume	4	»
Chants XXI, XXII, XXIII et XXIV réunis. 1 volume	4	»
ISOCRATE: *Archidamus*, par M. C. Leprévost	1	50
— *Conseils à Démonique*, par le même	»	75
— *Éloge d'Evagoras*, par M. Ed. Renouard, licencié ès lettres	1	»
LUCIEN: *Dialogues des morts*, par M. C. Leprévost	2	25
PERES GRECS (Choix de Discours tirés des), par M. Sommer	7	50
PINDARE: *Isthmiques* (les), par MM. Fix et Sommer	2	50
— *Néméennes* (les), par les mêmes	3	»
— *Olympiques* (les), par les mêmes	3	50
— *Pythiques* (les), par les mêmes	3	50
PLATON: *Alcibiade* (le premier), par M. C. Leprévost	2	50
— *Apologie de Socrate*, par M. Materne, censeur du lycée Saint-Louis	2	»
— *Criton*, par M. Waddington-Kastus, agrégé de philosophie	1	25
— *Phédon*, par M. Sommer	5	»
PLUTARQUE: *De la lecture des poëtes*, par M. Ch. Aubert	3	»
— *Vie d'Alexandre*, par M. Bétolaud, professeur au lycée Charlemagne	3	»
— *Vie de César*, par M. Materne, censeur du lycée Saint-Louis	2	»
— *Vie de Cicéron*, par M. Sommer	3	50
— *Vie de Démosthène*, par le même	2	»
— *Vie de Marius*, par le même	3	»
— *Vie de Pompée*, par M. Druon, proviseur du lycée de Rennes	5	»
— *Vie de Solon*, par M. Sommer	3	»
— *Vie de Sylla*, par M. Sommer	3	50
SOPHOCLE: *Ajax*, par M. Benloew et M. Bellaguet, inspecteur d'Académie.	2	50
— *Antigone*, par les mêmes	2	25
— *Electre*, par les mêmes	3	»
— *Œdipe à Colone*, par les mêmes	2	»
— *Œdipe roi*, par MM. Sommer et Bellaguet	1	50
— *Philoctète*, par MM. Benloew et Bellaguet	2	50
— *Trachiniennes* (les), par les mêmes	2	50
THÉOCRITE: *Œuvres complètes*, par M. Léon Renier	7	50
La première Idylle, séparément, par M. C. Leprévost	»	45
THUCYDIDE: *Guerre du Péloponèse*, livre deuxième; par M. Sommer....	5	»
XÉNOPHON: *Apologie de Socrate*, par M. C. Leprévost	»	60
— *Cyropédie*, livre premier; par M. le docteur Lehrs	1	25
livre second; par M. Sommer	2	»
— *Entretiens mémorables de Socrate* (les quatre livres), par le même	7	50
Chaque livre séparément	2	»

Paris. — Imprimerie de Ch. Lahure et Cie, rues de Fleurus, 9, et de l'Ouest, 21

Imprimerie de Ch. Lahure et Cie, rue de Fleurus, 9.

www.ingramcontent.com/pod-product-compliance
Lightning Source LLC
LaVergne TN
LVHW010611110826
845149LV00003B/868

* 9 7 8 2 0 1 1 8 7 1 8 1 7 *